Edição
Revista e Ampliada

Cinzas do Altar

Vencendo a Guerra Contra o Velho Homem

Jean Max

Cinzas do Altar

Vencendo a guerra contra o velho homem

JEAN MAX

Publicado no Brasil com todos os direitos reservados para: Jean Max Oliveira Santos

Site: http://www.jeanmax.com.br
E-mail: pastorjeanmax@me.com

Santos, Jean Max Oliveira
Cinzas do Altar
Rio de Janeiro, Rio de Janeiro
1. Literatura Brasileira

1ª Edição: Junho 2008
2ª Edição: Novembro 2008
3ª Edição: Junho 2009
4ª Edição (Revista e Ampliada): Outubro 2012
5ª Edição (Ampliada): Julho 2013
...
8ª Edição: Setembro 2016

ISBN: 978-85-61932-03-9
Revisão: Prof. Hildelaures
Diagramação, capas e fotos: Missão Raiz.
Projeto Gráfico: Jean Max

Dedicatória

♦ ♦ ♦

Esta obra é dedicada às centenas de homens e mulheres
que se esforçam para serem fiéis a Deus e a sua Palavra.
Tais pessoas nunca conhecerão derrota, pois os seus olhos
ainda enxergam o céu.

Índice

◆ ◆ ◆

Prefácio

♦ ♦ ♦

Neste livro você terá detalhes riquíssimos revelado pelo Espírito Santo, ao Pr. Jean Max.

Desde o primeiro capítulo deste livro tenho a certeza que você, como eu, ficará impactado pela presença do Deus eterno. Pr. Jean Max mostra à luz da Bíblia, que a cada dia o nosso altar deverá ser limpo para receber uma nova oferta a ser queimada *"O fogo nunca se apagará no altar; deverá ficar sempre aceso"* *(Lv 6.13)*. A qualquer momento do dia, se alguém trouxesse uma oferta para Deus, o altar deveria estar pronto para queimá-la. **Cinzas do Altar** mostra a importância de se ter um altar para se recorrer e ainda o passo a passo de Moisés quando recebeu a ordem do Eterno para construir o altar do holocausto.

Continuando, Pr. Jean mostra que o que hoje é cinza, um dia já foi oferta; o que hoje é resto, um dia já foi a principal peça da oferta. O belo bezerro que nos representou no Altar hoje é cinza. Mas o que fazer com as **Cinzas do Altar**? Você descobrirá também que não se pode comparecer diante de Deus de mãos vazias e que esse ciclo de renovação só terminará com o arrebatamento da Igreja, quando esta será glorificada para sempre.

Depois de ler esse livro, você terá descoberto o tanto que Deus valoriza o "altar". Descobrirá também que Deus está contando com homens e mulheres, fiéis e com autoridade, que valorizam o altar.

Leia atentamente esse livro. Tenho certeza de que o Espírito Santo fará o seu coração arder. Isso aconteceu comigo. Aleluia!

Boa leitura.

Pr. Samuel Figueira
Psicanalista clínico, conferencista, teólogo,
escritor, comentarista de revistas de Escola Bíblica Dominical
e pastor da Assembléia de Deus em Cachoeiras de Macacu -
RJ.

Agradecimentos

♦ ♦ ♦

Ao grande e poderoso Deus de amor

Minha querida esposa: Mízi Lenne

Meus preciosos filhos: Hadassa, Calebe e Felipe

Meu pastor e revisor doutrinário, Pr Elizeu Menezes

Pelo prefácio a pela amizade, Pr Samuel Figueira

Pelo desafio proposto, Pr Marcelino César, Roberto Vella
e Eduardo

Todos que oram e torcem pelo meu ministério

Apresentação

◆ ◆ ◆

CONHECIMENTO QUE NASCE DE UM DESAFIO

Todo o entendimento que hoje tenho sobre o assunto deste livro nasceu enquanto eu tentava responder ao tema de um Congresso de Avivamento, onde estive pregando, no ano de 2006, que dizia: O que tem no teu altar, fogo ou cinza?

Fui um dos últimos conferencistas a ministrar naquele congresso e, por essa razão, tinha a impressão de que eu "choveria no molhado" se chegasse ao evento pregando sobre o fogo do altar.

Eu imaginava que todos os pregadores falaram sobre o fogo, o que seria mais natural para um altar; por isso estive muito incomodado com a possibilidade de cansar os irmãos com uma mensagem igual à de todos os outros palestrantes. Cheguei a ter medo de pregar.

O medo de ser comum levou-me à oração. A oração levou-me à Bíblia e a tudo o que esta ensina acerca das cinzas – assunto do tema que escolhi para falar. Confesso que não imaginava encontrar tantas riquezas sobre o altar de Deus e as cinzas do holocausto. Fiquei impressionado com as coisas que pude descobrir.

Na véspera da minha participação, os organizadores da festa, meus amigos, ligaram para mim, já era mais de meia-noite. Eles estavam eufóricos com o que Deus estava fazendo através dos outros pregadores. E um deles quando falou comigo disse assim: *Ôôô, Jean, olha só! Se você não estiver na unção, é melhor nem aparecer, porque senão vai passar vergonha* – e deu uma bela gargalhada do outro lado da linha. Ele estava brincando comigo.

Para não chorar, eu também acabei sorrindo. Mas, confesso que perdi o sono.

Por causa daquela brincadeira, me senti desafiado. Fui orar outra vez. Li a Bíblia mais um pouco e acabei descobrindo outros novos segredos de Deus. Com um gostoso sorriso na face, hoje digo que aquele telefonema foi uma benção. Mas naquela época eu estava aflito.

Sinceramente, eu não queria inovar nada. Não estava em meu coração a intenção de impressionar ninguém com uma mensagem que ninguém nunca pregou; na verdade, eu só não queria ser cansativo; por isso busquei algo diferençado na Bíblia. Acredito que encontrei.

O resultado das minhas orações e pesquisas você vai conhecer ao longo deste livro. Boa leitura.

O autor

I

O MAIOR DE TODOS OS MILAGRES

SETEMBRO DE 1998

Uma noite quente de Sergipe. Quinta–feira. Eu era o pregador do evangelismo.

– Venha entregar a sua vida a Jesus Cristo, agora. Só Ele pode lhe salvar. Perdoar os seus pecados. Transformar a sua vida. Você não precisa continuar a viver debaixo dos pés de satanás, nem carregar a culpa pelas suas falhas. Entregue agora a sua vida a Cristo e Ele lhe transformará em uma nova criatura. Você vai nascer de novo. Em Mateus 28.11, Ele disse: vinde a mim todos vós que estais cansados e sobrecarregados, que Eu vos aliviarei. Tomai sobre vós o meu jugo e o meu fardo. Porque o meu jugo é suave e o meu fardo é leve.

– Onde está a primeira pessoa que nesta noite quer entregar a sua vida a Cristo?

– Venha! Cristo quer lhe salvar!

– Desça por estas escadas aqui e entregue a sua vida a Cristo. Você precisa nascer de novo.

– A primeira pessoa já está se aproximando. Glória a Deus. Onde está a segunda? Venha!

– Ali está a segunda vida para Jesus. É uma mãe com o seu filhinho. Que coisa linda.

– A sua vida vai mudar, senhora.

– A terceira já está descendo a escada. Ô glória! Glória a Deus. Que benção. Não foi em vão a nossa pregação. Mas, onde está a quarta pessoa?

– Onde você está?

– Cristo lhe chama. Venha!

– Não negue o seu coração ao Senhor. Entregue tudo a Ele. Confie! As demais coisas Ele fará. Lance a sua alma no Altar de Deus. Ele quer perdoar os seus pecados e salvar a sua alma.

– Tem mais alguém para Cristo? Não?

– Então vamos orar a Deus por estas três pessoas que estão aqui à frente. Glória a Deus.

Foram com as palavras acima que eu terminei uma das pregações que fiz num culto ao ar livre que realizamos na cidade de Aracaju - SE, quando, naquela época, liderei o grupo de evangelismo da minha igreja.

Três vidas preciosas tinham se rendido a Cristo. Meu coração estava jubiloso, mas algo me dizia que Deus ainda não tinha terminado a sua parte. Ele ainda queria mais.

Durante todo o tempo em que estive pregando, um rapaz montado numa bicicleta, que estava no alto da escada da casa da irmã que cedeu a porta e a energia de sua residência para nos apoiar no evangelismo, olhava atentamente para mim, como quem devorava as minhas palavras. Ele era um moço mal-encarado; estava usando uma touca preta na cabeça e tinha um olhar furtivo e ao mesmo tempo carente no rosto. Esse moço não desceu a escada para aceitar a Jesus, como as outras três pessoas fizeram.

Depois que encerrei o apelo, oramos pelas três pessoas que se arrependeram e a equipe de integração já passou a tomar nota dos nomes e dos endereços de cada uma delas. Enquanto esse trabalho final era feito, subi a escada e fui ao encontro do rapaz que não tirou os olhos de mim, enquanto estive pregando.

– *Boa noite, jovem. Tudo bem?* – perguntei.

– *Hum, hum!* – ele respondeu.

– *Eu notei que você prestou bastante atenção ao que estive pregando nesta noite. Você entendeu a pregação e o apelo que fiz?*

Ele assentiu com a cabeça e disse:

– *Eu já fui crente. Estou desviado.*

Notei pelo seu hálito que ele havia bebido.

– *E então, você não tem interesse, em voltar para o Senhor Jesus hoje? Ele ainda o ama!* – insisti.

– *Hoje não!* – ele foi seco.

– *Por que não?* – indaguei.

– *Porque hoje eu bebi cachaça e ainda me droguei. Mas num outro dia, quando eu estiver melhor, eu vou à igreja aceitar a Jesus. Gostei de você. Mas hoje não dá. Eu sequer estou conseguindo controlar meus pensamentos por causa das drogas* – Ele continuava inflexível.

– *Você não precisa melhorar para aceitar a Jesus. Ele disse vinde como estais. Aceite a Cristo agora. Do jeito que você está. Jesus vai perdoar os seus pecados e lhe curar dos efeitos das drogas.* – Fui firme; na sincera tentativa de convencê-lo a se achegar a Deus.

Mas o jovem me surpreendeu.

– *Você acredita mesmo nisso?*

– *Quê?*

– *Você tem certeza disso?*

– *Como assim, o que você está querendo dizer com isso?* – perguntei atônito.

– *Nisso que você acabou de dizer. Que se eu aceitar a Jesus agora Ele me perdoa e me cura das drogas. Você acredita mesmo que se eu descer esta escada e dobrar os meus joelhos diante do Altar de Deus, Ele vai me perdoar e eu vou levantar curado?*

Engoli a saliva como se fosse um punhado de areia, mas não tinha outra coisa para responder, senão...

– *Tenho! Claro que tenho! Se você descer, agora, por esta escada entregando a sua vida a Cristo, quando você levantar dos joelhos, vai estar curado da bebida e também das drogas. Jesus vai lhe curar. Na mesma hora. Eu garanto.*

Com um ar de alegria e esperança, ele disse:

– *Então eu desço.*

O moço passou a perna por cima da bicicleta e começou a descer pela escada, quase que correndo. No meio do caminho, segurei-o pelo braço e disse: *Escute aqui, rapaz! Se você está, de fingimento, descendo esta escada apenas para testar a minha fé, pode voltar agora para a sua bicicleta e esqueça essa história de ser crente. Segue seu caminho. Mas, se a sua decisão é sincera. Se você quer lançar, de verdade, a sua vida aos pés do Senhor, no Altar de Cristo, pode continuar descendo. Dobre o seu joelho. Você será curado. Deus vai lhe salvar.*

– *Eu não estou descendo por tua causa. Não quero te testar. Eu quero Cristo. Não quero mais viver a vida que vivo. Quero morrer para este mundo. Quero nascer de novo. Para Deus. A minha decisão é sincera. Por favor, deixe-me descer esta escada. Eu preciso chegar lá.*

Desci com ele. Convoquei os irmãos. Contei-lhes o desafio que estava diante de nós e perguntei: *Quantos aqui crêem que este moço vai levantar curado das drogas e salvo pelo sangue de Jesus?* – Todos levantaram as mãos e declararam acreditar no milagre.

Então, eu disse ao rapaz:

– *Dobre os seus joelhos diante do Altar de Deus, moço! Hoje você verá que Jesus é, de fato, o Cordeiro de Deus que tira o pecado do mundo.*

Ele dobrou os joelhos e nós oramos com fervor.

A glória do Senhor nos visitou poderosamente. Todos transbordavam de Deus. **O fogo caiu!**

Quando terminamos de orar o rapaz ainda estava de joelhos com rosto em terra. Eu fui tomado de uma ousadia sobrenatural naquela hora. Apertei o seu ombro e disse com autoridade: *Fique em pé, rapaz! Levante agora e diga a todos os que estão aqui se Jesus cura ou não cura das drogas.*

Com lágrimas nos olhos e cheio do Espírito Santo, ele respondeu num grito: *Cura! Ele cura sim!*

– *Por quê?* – perguntei.

– *Porque eu estou curado. Não sinto mais os efeitos das drogas em meu corpo. A tontura passou. Ele me perdoou. Eu nasci de novo* – respondeu.

Aquele rapaz de touca preta na cabeça lançou a sua vida no Altar de Deus. Até aquele momento ele era só pecado. Seu corpo era só álcool e outras drogas. Mas quando se levantou dos joelhos era outra pessoa. Uma nova criatura. Nasceu de novo.

Sabe o que aconteceu naquele dia? Um milagre. **O maior de todos os milagres: um pecador foi salvo.** Todos os seus pecados foram perdoados. O efeito do álcool e da maconha foi anulado. As coisas que o condenavam foram queimadas pelo fogo de Deus. **Tudo, absolutamente tudo, virou... CINZAS.**

II
O HISTÓRICO DO ALTAR

O ALTAR DO HOLOCAUSTO

No início do séc. XIII a.C., durante a sua peregrinação, com o povo de Israel pelo deserto, Moisés, que conduzia os seus irmãos em busca da terra prometida, recebeu várias instruções e ordens diretas da parte de Deus, dentre elas, a de construir o Altar do Holocausto.

A palavra Altar (do latim *altare*) significa o lugar ou objeto consagrado aos sacrifícios religiosos e manifestações de devoção. No altar, uma vítima (inocente) era sacrificada em lugar de alguém (culpado) para cumprir objetivos espirituais.

No culto israelense havia a figura do Altar do Holocausto, ou Altar de Bronze, que era um altar de sacrifício; ele foi idealizado por Deus e construído por Moisés; nele o israelita fiel comparecia diante do SENHOR em busca da expiação dos seus pecados sempre que sentia o fardo do mesmo. Essa característica expiatória do Altar de Deus, fez dele um dos principais símbolos do povo judeu e também da igreja cristã.

Ainda hoje, todos que de uma forma, ou de outra, consideram-se amigos de Deus se interessam pelo Altar e por tudo aquilo que ele representa e pode representar. Estamos diante de um assunto bíblico que carrega em si uma grande simbologia. Crentes do mundo inteiro buscam no Altar do Tabernáculo as sombras das coisas vindouras, na expectativa de se achegar mais a Deus e ter uma vida mais piedosa e produtiva.

A ORDEM PARA CONSTRUIR O ALTAR

Leia abaixo algumas das ordens que Deus deu a Moisés concernente ao Altar do Holocausto.

Êxodo 27.1-8 – trechos

Farás também o altar de madeira de acácia, de cinco côvados será o comprimento, de cinco côvados a largura, será quadrado o altar, e de três côvados a altura... far-lhe-ás também recipientes para recolher a sua cinza, e as pás, e as suas bacias, e os garfos, e os braseiros todos os seus utensílios farás de bronze... oco e de tábuas o farás, como te foi mostrado no monte, assim o farão.

Levítico 6.9-13

Dá ordem a Arão, e a seus filhos, dizendo: esta é a lei do holocausto. O holocausto ficará sobre a lareira do altar, a noite inteira, até a manhã seguinte, e nela se conservará aceso o fogo do altar. O sacerdote então vestirá a sua túnica de linho, e vestirá as calças de linho sobre a sua carne e levantará a cinza quando o fogo houver consumido o holocausto sobre o altar, e a porá junto ao altar, depois despirá as suas vestes e vestirá outras, e levará a cinza para fora do arraial, a um lugar limpo. O fogo sempre se conservará aceso sobre o altar, não se apagará; cada manhã o sacerdote acenderá lenha nele, e sobre ele porá em ordem o holocausto e sobre ele queimará a gordura das ofertas pacíficas. O fogo arderá continuamente sobre o altar e não se apagará.

Os textos bíblicos citados são uma sequência alternada que falam basicamente do mesmo assunto, os rituais que envolviam o Altar do Holocausto durante a peregrinação de Israel no deserto. A nossa intenção, a partir desse ponto é descortinar, ainda que inicialmente de forma superficial, as lições espirituais que envolviam esses rituais.

A Bíblia fala de vários tipos de altares (*Gn 12.7,8; 13.14-18; 26.24-25*). Cada um desses altares tinha funções e características específicas. O que distingue o Altar do Holocausto de praticamente todos os demais é que nele são enfatizados dois elementos com simbologias fortíssimas e antagônicas, quais sejam: o fogo e a cinza.

O Altar estava localizado à entrada do Tabernáculo; era o primeiro objeto que o judeu encontrava quando entrava no santuário com um sacrifício nas mãos. Para um israelita comum esse era, praticamente, o único objeto sagrado ao qual se podia achegar.

CARACTERÍSTICAS FÍSICAS DO ALTAR

Como lemos no capítulo vinte e sete de Êxodo, o altar era quadrado, com cinco côvados (dois metros e meio) de largura e comprimento, por três côvados (um metro e meio) de altura; era uma caixa relativamente grande; são mais de nove mil litros de capacidade. Dentro dela podiam se esconder cerca de seis a oito homens.

À meia altura do altar, havia nele uma grelha, como as que usamos em dias de churrasco. Era nessa grelha que a carne da ovelha, a carne do novilho (a oferta), era depositada para ser queimada.

O altar era feito de madeira de acácia, oca, revestida de bronze. Um amigo meu, bombeiro, instrutor e perito em técnicas anti-incêndio, disse que madeira oca revestida em bronze é uma excelente combinação contra o fogo – muitas portas contra incêndio são feitas dessa mesma combinação de materiais. Segundo esse meu amigo, o bronze por ser metal impede que o fogo destrua a madeira. A madeira oca por sua vez serve como uma dissipadora de calor, facilitando o resfriamento do conjunto. Essas duas características juntas eram fundamentais para a vida útil do altar, que precisava suportar o fogo e resfriar rápido para permitir os trabalhos e a entrada do sacerdote – assunto que trataremos à frente.

Sabedor dessa verdade científica, Deus revelou a Moisés qual deveria ser o material a ser empregado no Altar do Holocausto para resistir ao fogo intenso e recorrente que se faria ali: madeira oca revestida em bronze.

Apesar de se tratar de um altar de grandes dimensões (2,5m x 2,5m x 1,5m), por ser de acácia e oco (Ex 27.8) ele era, na verdade, um objeto leve e fácil de transportar. A acácia é uma madeira extremamente frágil diante do fogo, fraca no que diz respeito a torções e de pouco valor comercial, mas quando revestida em bronze, apesar de frágil, fraca e leve, ela se torna uma peça extremamente resistente. De igual maneira é também a vida daqueles que se achegam a Deus, para serem seus filhos.

O homem que tem Cristo em sua vida já não arrasta mais um fardo tão pesado assim; sobre ele está o fardo de Cristo e o jugo do Senhor (*Mt 11.30*). Com esse fardo e sob esse jugo, qualquer um pode conduzir a sua vida e o seu testemunho em estado de santidade e alegria, não importando a situação ou o lugar onde esteja.

Quem é nascido de Deus é leve como o vento (*Jo 3.8*), nada para ele é tão complicado a ponto de levá-lo ao desespero. Ele sabe em quem tem crido; sabe que o SENHOR é poderoso para guardar o seu tesouro até o dia final. Ele acha que pode todas as coisas naquele que o fortalece (*Fp 4.13*).

O vento apesar de leve, também é forte. Destruiu penhas e montanhas (*I Rs 19.11*). Abriu o Mar Vermelho (*Ex 14.21*). Impediu um navio de Alexandria de prosseguir seu rumo (*At 27.14-15*). Assim também, os que nasceram do Espírito são leves e fortes como o vento. Eles não se embaraçam com as coisas desta vida (*II Tm 2.4*), mas as suas orações podem muito em seus efeitos (*Tg 5.16*).

Todas essas definições provam que o servo de Deus, apesar de ser frágil como qualquer outro ser humano, é forte e aguenta provações. Assim como o fogo respeita a acácia quando esta é revestida pelo bronze, assim os nossos inimigos são obrigados a nos respeitar, quando estamos revestidos da glória do Senhor.

Enquanto a estrutura oca fala do fardo de Cristo sobre nós, fardo este que podemos e suportamos conduzir, o revestimento de bronze fala da nossa capacidade de vencer toda e qualquer situação. Não vem sobre nós tentação que não seja humana

O bronze sobre a acácia aponta para as palavras do Mestre, quando afirmou que junto com a tentação viria também o escape, ou seja, a capacidade para resistir (*I Co 10.13*).

Imagine o que a acácia diria ao ver o fogo se aproximar dela; talvez o suspiro de Isaías – *Aí de mim, que vou perecendo* (*Is 6.5*). Agora imagine o bronze em contato com a acácia, tranqüilizando a sua amiga dizendo – *nenhum mal te sucederá* (*Sl 91.10*), *não temas, pois eu estou contigo (Is 41.10), não de deixarei, nem te desampararei (Js 1.5)*.

Diante das aflições da vida, sentimos que não resistiremos e isso nos abate profundamente. Uma situação imutável se não relembrarmos o precioso cuidado do Mestre por nós que antecipou a tudo dizendo: *Estas coisas vos tenho dito para que tenhais paz em mim. No mundo tereis aflições; mas tende bom ânimo; eu venci o mundo –* Jo 16.33.

A OBRIGAÇÃO DE IR AO ALTAR

Estamos num acampamento nômade e Moisés é o grande líder do povo. Um judeu fiel a Deus pecou e não está consegue mais conviver com a culpa

No meio do acampamento está a Tenda, a santa Tenda do Testemunho, o Tabernáculo de Deus. Dentro desse tabernáculo, no pátio dele, está o nosso altar, o Altar do Sacrifício, o Altar do Holocausto. O judeu que pecou precisa do perdão de Deus – *o salário do pecado é a morte (Rm 6.23)* – porque ele não quer morrer.

Mas como escapar?

Só existe um meio – o Altar. Ir ao altar era **ato obrigatório** para o judeu pecador.

Ciente de que não pode comparecer diante de Deus de mãos vazias *(Ex 34.20b)*, o judeu sai de sua casa; mas, antes, ele apanha uma ovelha (a melhor que tem em sua fazenda) e a leva em seu colo silenciosamente, sem denunciar aonde vai nem o que fará com ela.

Essa marcha emudecida termina no Tabernáculo de Deus, onde, agora, começa o que eu chamo de *A Cerimônia de Transferência de Pecado*.

III

OS CERIMONIAIS DO ALTAR

A CERIMÔNIA DE TRANSFERÊNCIA DE PECADO

Talvez você se pergunte, mais o que vem a ser isso, Cerimônia de Transferência de Pecado?

A Cerimônia de Transferência de Pecado era um ato espiritual de fé desenvolvido de frente para o altar, onde o judeu arrependido punha as mãos sobre o novilho a ser sacrificado, transferindo para o animal inocente a culpa pelo que fez contra Deus.

Fala aos filhos de Israel e dize-lhes: quando algum de vós apresentar oferta ao Senhor, trareis as vossas ofertas de gado ou de ovelhas... porá a mão sobre a cabeça do holocausto para que este seja aceito a favor dele, para sua expiação... então esfolará o holocausto e o partirá nos seus pedaços – Lv 1.1-2,4 e 6 - trechos

Imagino que essa cerimônia dava-se, mais ou menos, assim:

– Cadê *a sua ovelha, cadê o seu bezerro, o seu sacrifício?* – dizia o sacerdote para o pecador.

– *Está aqui* – respondia.

– *Ponha depressa as suas mãos sobre a vítima* – determinava o sacerdote. E o homem pecador colocava as mãos sobre o animal.

Naquele momento, simbolicamente, os pecados daquele homem eram **transferidos** para o cordeiro. De forma que sobre o pecador já não pesava acusação, mas sim sobre o animal.

Certamente, ele tomou sobre si as nossas enfermidades e as nossas dores levou sobre si; e nós o reputávamos por aflito, ferido de Deus e oprimido. Mas ele foi traspassado pelas nossas transgressões e moído pelas nossas iniquidades; o castigo que nos traz a paz estava sobre ele, e pelas suas pisaduras fomos sarados – Is 53.4-5

Depois de receber o pecado daquele judeu, o animal era degolado e esfolado pelo sacerdote (*Lv 1.6-9*).

A vítima esfolada sofria uma última avaliação por parte do sacerdote que conferia por dentro o estado daquele animal, verificando a existência ou não de defeitos ou enfermidades. Caso qualquer anomalia fosse encontrada o animal era rejeitado e o homem voltada sem perdão para a sua casa. Ele precisava de um substituto perfeito (sem defeito).

Particularmente admito que esse momento, além de muito me ensinar, também me emociona bastante – *o justo* (sem defeitos) *morrendo pelos injustos* (com defeitos – pecados).

Ele foi oprimido e humilhado, mas não abriu a boca; como cordeiro foi levado ao matadouro; e, como ovelha muda perante os seus tosquiadores, ele não abriu a boca... Designaram-lhe a sepultura com os perversos, mas com o rico esteve na sua morte, posto que nunca fez injustiça, nem dolo algum se achou em sua boca – Is 53.7, 9

Um frio sobe por minha espinha quando penso numa vítima esfolada por minha causa.

Por juízo opressor foi arrebatado, e de sua linhagem, quem dela cogitou? Porquanto foi cortado da terra dos viventes; por causa da transgressão do meu povo, foi ele ferido. Is 53.8

E se fosse eu?

E se Deus resolvesse, abrir o meu interior. Fazer um esfolamento dos meus segredos, a luz dos olhares de todos, para confirmar ou não a existência de defeitos e pecados? Não me sinto confortável com a ideia de ver Cristo (um justo) morrendo por minha causa (o injusto). Não deve ter sido fácil para Deus. Ele foi mais que testemunha de tudo isso. Ele participou do processo. Ele é o sacerdote que esfolou a ovelha. Mas, Ele fez isso com alegria. Para me salvar.

Todavia, ao Senhor agradou moê-lo, fazendo-o enfermar; quando der ele a sua alma como oferta pelo pecado, verá a sua posteridade e prolongará os seus dias; e a vontade do Senhor prosperará nas suas mãos – Is 53.10

Ele verá o fruto do penoso trabalho de sua alma e ficará satisfeito; o meu Servo, o Justo, com o seu conhecimento, justificará a muitos, porque as iniquidades deles levará sobre si – Is 53.11

Não bastasse tudo isso, a partir de então, o sacerdote ateava fogo no altar com a finalidade de "queimar", julgar e condenar, os pecados do homem arrependido. Todo esse processo acontecia diante dos olhos do substituído: o homem que pecou!

O FOGO DO ALTAR

Logo após Moisés haver consagrado Arão e seus filhos ao ministério sacerdotal (*Lv 8.Cap.*), o primeiro a lançar fogo sobre o Altar de Bronze foi o próprio Deus (*Lv 9.24*), que fez isso para confirmar o sacerdócio e o primeiro sacrifício de Arão. Deus começou, mas não era dEle a obrigação de atear fogo ao altar todos os dias, como alguns afirmam. Eram os filhos de Arão quem tinham esse encargo (*Lv 1.7*), homens comuns, como nós. Aqui eu aprendo uma preciosa lição:

Deus lançou a chama do seu fogo sobre o holocausto, sendo o primeiro a incendiar o altar, mas está contando com homens e mulheres, fiéis e voluntários, para lançar fogo da glória dEle sobre outras pessoas. Bom seria que cada filho de Deus fosse dotado de autoridade espiritual para "incendiar" a vida de outras pessoas com o Evangelho e com o Poder de Deus. Subjugando o pecado debaixo da graça de Deus.

A oferta estava lá, em cima da grelha, dentro do altar. O sacerdote lançava fogo naquela oferta. Depois que o fogo queimava a oferta, o que sobrava? Apenas as cinzas (favilas, borralhas).

O fogo ardia continuamente sobre o altar e não se apagava. A qualquer momento do dia, se alguém trouxesse uma oferta para Deus, o Altar deveria estar pronto para queimá-la.

Todo o que o Pai me dá virá a mim; e o que vem a mim de maneira nenhuma o lançarei fora – Jo 6.37

O Pastor Derivaldo Marques, renomado teólogo da atualidade, diz que os filhos de Arão acendiam a lenha do Altar pela manhã e se esforçavam para mantê-lo aceso até à noite, repondo a lenha. Durante todo esse tempo, houvesse ou não sacrifício, o fogo se mantinha aceso. À noite, quando os ofícios sacerdotais daquele dia cessavam, o fogo se apagava naturalmente no término da madrugada, para que o altar pudesse ser limpo e reutilizado na manhã seguinte.

O fogo que está sobre o altar arderá nele, não se apagará; **mas o sacerdote acenderá** *lenha nele* **cada manhã**, *e sobre ele porá em ordem o holocausto e sobre ele queimará a gordura das ofertas pacíficas. O fogo arderá continuamente sobre o altar; não se apagará – Lv 6.12-13 – grifo nosso.*

Analise com calma o texto bíblico acima e perceba que o fogo tinha um momento para começar a queimar e outro em que se apagava, deixando de queimar. Ele queimava continuamente até devorar inteiramente todas as ofertas do dia, mas, depois que tudo era consumido, o fogo apagava; momento em que, então, o sacerdote entrava no altar para retirar a borralha.

Espero sinceramente que ninguém venha dizer que o sacerdote entrava no altar com o fogo ainda queimando. Nenhum sacerdote era louco suficiente para tentar uma empreitada dessas. O fogo queimava a oferta até ela não mais existir.

Respeitadas as condições mínimas de ter a oferta consumida, o fogo apagado e o altar resfriado, o sacerdote poderia então entrar e limpar o altar, preparando-o para novos sacrifícios.

Vale relembrar aqui que a madeira do altar era oca para facilitar o seu resfriamento. O fogo ardia continuamente **sem se apagar** sobre o altar **até concluir os sacrifícios**. Depois disso, o altar era resfriado para poder ser limpo.

A SOBRA DA OFERTA

Depois que o fogo apagava, sobravam as cinzas.

O que dizer ou que podemos aprender sobre essa sobra?

De antemão, afirmo que, dependendo da situação, ter cinzas em nossas vidas pode ajudar ou não. As cinzas podem ser boas ou ruins a julgar pelo caso.

Em geral, a nossa opinião sobre as cinzas é negativa. Não as queremos num churrasco. Por isso as sopramos para longe.

As cinzas sufocam o fogo e atrapalham a queima da madeira que resta. Ninguém compraria um quilo de cinzas no mercado. Porém, biblicamente, as cinzas poderiam ser usadas como sinal de humilhação e resignação ao pecado e a opressão Logo, elas serviam, num certo sentido como instrumento de livramento.

Deixe-me dar um exemplo.

Quando um homem ficava indignado com a iniqüidade (sua ou alheia) e resolvia demonstrar sua indignação com jejuns e quebrantamento diante do SENHOR, ele se cobria de cinzas ou sentava sobre elas. Era um sinal de humilhação.

Em nossas vidas passamos por períodos assim, onde a melhor postura é a humilhação ativa, ou seja, quebrantar-se diante de Deus, na expectativa de que Ele se compadeça e nos ajude como fizera aos homens da grande cidade de Nínive (*Jn 3.6-10*).

No caso de Nínive, a cinza ajudou a salvar a cidade; onde concluímos que a natureza da cinza é neutra, ou seja, não é boa nem má.

Posto estas coisas, preciso esclarecer que o objetivo deste livro não é tentar definir quando a cinza é boa ou ruim; tampouco dizer quando ela ajuda ou atrapalha. Mas, sim nos aplicar a análise daquilo que sobra dos nossos sacrifícios a Deus, feitos no Altar do Holocausto: AS CINZAS DO ALTAR.

Reconheço que meus argumentos sobre as cinzas possuem características mais devocionais que teológicos, todavia posso afirmar sem medo que eles foram postos por Deus em meu coração. Se servir assim, continue na leitura deste livro.

Temos muito mais a aprender com as sobras dos nossos sacrifícios.

OK?

Obrigado!

TUDO VIRA CINZA QUANDO QUEIMA

A primeira consideração que posso fazer acerca das cinzas, é que elas são o mais perfeito resultado final da queima de qualquer coisa na face da terra. Cinza é o que sobra daquilo que foi queimado; é o que fica depois que a oferta é devorada pelo fogo.

Depois que o fogo faz o seu trabalho, consumindo a oferta, o resultado do que ele produziu se chama CINZA.

Tudo que é queimado, e devidamente queimado, no final vai virar cinza; até a pedra, quando queimada por completo, no final, vira cinza. Madeira queimada vira cinza. Ferro queimado vira cinza. Plástico queimado vira cinza. Algodão queimado vira cinza. Carne queimada vira cinza. Até os seres humanos, quando queimados (cremados) viram cinzas.

Tudo quanto é queimado vira cinza.

No altar das nossas almas acontece a mesma coisa. Tudo que ele queima em nós vira cinza.

No altar de Deus, a ambição humana vira cinza no; a vaidade vira cinza; a inveja vira cinza; as alianças humanas viram cinza; a inimizade vira cinza; o vestir-se com simplicidade vira cinza; o vestir-se com elegância vira cinza. Resumindo, **depois que o fogo passa tudo vira cinza, borralha e favila!**

Já que podemos dizer que cinza é o que sobra da oferta, também podemos dizer que o que hoje é cinza, um dia já foi oferta. O que hoje é resto, um dia, já foi a principal peça do sacrifício.

O belo bezerro que nos representou no altar, hoje é cinza. O cordeiro inocente, cujos pedaços foram deitados na grelha do altar, hoje não passa de cinzas. A ovelha que levou a nossa culpa, hoje também é cinza.

Matematicamente falando, a cinza é igual à oferta quando somada ao fogo.

OFERTA + FOGO = CINZA

Vendo agora pela ordem inversa:
CINZA – FOGO = OFERTA

Saindo da matemática e entrando na química, percebemos que o fogo funciona como um catalisador da oferta, ou seja, ele apenas a transforma em cinzas. Isso melhora a nossa tese da seguinte maneira:

OFERTA = CINZA = OFERTA

PROCESSO DE IDENTIFICAÇÃO

Voltando à Cerimônia de Transferência de pecados, vamos enxergar agora alguns outros detalhes.

O pecador, quando convencido do seu pecado, da justiça de Deus e do juízo vindouro (*Jo 16.8*) corre ao seu rebanho com o coração apertado e sentindo dor, muita dor.

O pecado dói e as suas consequências mais ainda.

Diante de seu rebanho, ele busca, entre os animais, um que seja apropriado para ser "sacrificado em seu lugar". O melhor de todos. O preferido da família.

Um esforço sobre-humano é desprendido para não ter que sacrificar aquele que era tão querido.

– Deve existir algum outro animal que possa ser sacrificado em lugar deste – o pecador vai pensando nessa hora.

– Este não pode sofrer por causa do meu pecado. Este não! – ele pode até dizer.

Mas não tem jeito. É ele!

Chegou o fim da busca entre o rebanho; não existe outra opção! O melhor é o escolhido; o mais querido é apanhado; o mais amado é, sem direito de opinar, retirado do rebanho para morrer por um pecado que não cometeu.

Deitada nos braços do seu dono (agora carrasco), a ovelha, o animal escolhido, segue calada, muda, em direção ao matadouro... o Altar.

*Ele foi oprimido e afligido, mas não abriu a sua boca;
como um cordeiro foi levado ao matadouro, e como a
ovelha muda perante os seus tosquiadores, assim ele não
abriu a sua boca – Is 53.7*

Diante do altar a ovelha sai das mãos do seu dono e é entregue nas mãos do sacerdote, que assume as obrigações da regência da Cerimônia da Transferência de Pecado.

– *Passe para este lado, pecador; fique de frente ao animal* – diz o sacerdote, friamente, por não viver a dor daquele homem.

– *Sim, senhor!* – responde.

– *Olhe bem nos olhos do cordeiro e depois ponha as suas mãos sobre a cabeça dele. Eu faço os demais procedimentos.*

– *Cer.....erto!* – responde o homem meio engasgado.

De mãos postas na cabeça de sua ovelha, o homem olha, tenta não olhar, mas olha e vê, na cor negra dos olhos da vítima, o reflexo do verdadeiro merecedor daquele martírio, ele mesmo, o próprio homem, o verdadeiro culpado, o pecador.

A dor desse momento não é pequena; e não deveria ser mesmo, pois o pecado não pode acontecer novamente; ninguém mais pode morrer em seu lugar. O pecador deveria ser o único a morrer, mas não é assim. Uma alma pecadora não serve para remir outra, nem que seja ela mesma. É a Lei!

*Eis que todas as almas são minhas; como a alma do pai,
também a alma do filho é minha; a alma que pecar, essa*

morrerá... A alma que pecar, essa morrerá; o filho não levará a maldade do pai, nem o pai levará a maldade do filho; a justiça do justo ficará sobre ele, e a impiedade do ímpio cairá sobre ele – Ez 18.4 e 20

Olhando para os olhos de sua amada ovelha, o homem logo percebe que ela se torna como ele e... ele se torna como ela. Acontece o que eu chamo de PROCESSO DE IDENTIFICAÇÃO. Na consciência desse homem não há mais dúvida.

– Esta ovelha sou eu. Eu sou esta ovelha. Ela vai morrer a morte que era minha (que eu merecia), para que eu viva a vida que era sua.

O cutelo afiado do sacerdote faz a sua parte, enquanto o moribundo pecador se mantém encarando a si mesmo nos olhos de sua representante. Um vento frio desliza pelo entorno de seu pescoço enquanto um calor insuportável afogueia-lhe o rosto. O ar se torna como gel descendo pela traquéia e sufocando os pulmões. Agulhadas de tristeza enchem-lhe o coração de medo. Uma vontade tremenda de fechar os olhos domina o homem agora, mas o sacerdote tinha sido enfático:

– Não tire os olhos dela, em hipótese nenhuma!

Olhai para mim, e sereis salvos, vós todos dos termos da terra; porque eu sou Deus, e não há outro (Is 45.22)

Um momento aparentemente infinito de espera acontece enquanto o sacerdote separa a parte do altar da parte que cabia aos ministros. Quase todo o animal vai à grelha; o fogo já está acesso; a vítima arde; arde também o peito do homem.

Parece sádico, mas uma alegria começa a substituir a dor; uma sensação de alívio invade a alma do pecador.

Na medida em que a oferta é queimada, o volume da oferta diminui até desaparecer. De igual forma, a dor da culpa vai desaparecendo. Um pensamento preenche a mente do homem, agora – *o juízo do fogo contra esse animal anula o meu pecado e encobre a minha culpa.* Por causa do Processo de Identificação, o homem vê nos olhos de sua ovelha a face da culpa e o semblante do pecado que praticou; também identifica o preço pago, quando o sangue do animal verte de seu corpo (*Rm 6.23*).

– *Uma vida morreu pela minha vida. A ovelha foi queimada e eu morri no altar* – conclui ele.

A última coisa que quero destacar no processo de identificação é que o homem se identifica inicialmente como OFERTA e por fim como CINZA. Ele diz:

– *No começo da cerimônia eu era a oferta, pois **a oferta era eu**. No fim da cerimônia eu sou a cinza que restou. **A cinza sou eu. Eu sou esse monte de cinzas.***

IV
FATOS SOBRE AS CINZAS

AS CRIANÇAS BRINCAM COM AS CINZAS

Quando lembro que a cinza é o resto da queima, posso entender que cinza é algo que não pode ser queimado novamente. Lembro que, quando eu era criança, tive a curiosidade de juntar as cinzas de alguns papéis que queimei para jogar no fogo novamente. Não sei se você já tentou fazer isso alguma vez, mas eu tentei.

Joguei as cinzas no fogo com a pura intenção de tentar queimá-la um pouco mais. Mas não deu certo.

Quer saber o que aconteceu?

O fogo não aceitou as minhas cinzas.

A cinza voou para longe lançadas pelas chamas e não mais pôde ser queimada. O fogo rejeitou a borralha que tentei lhe oferecer.

Depois que algo vira cinza não dá para queimar outra vez.

Das minhas traquinagens infantis aprendi uma grande verdade espiritual: **não podemos oferecer o mesmo sacrifício duas vezes** porque na primeira ele já virou cinza e não queima mais. Viraram cinzas. Não servem como novos sacrifícios.

A quem se vanglorie de ser profeta porque profetizou um dia. Ele esquece que aquela profecia virou cinza. É tempo de novas profecias.

Faça um novo esforço. Ofereça uma nova oferta. Não se desculpe com a história de que você já teve uma profunda comunhão com Deus, ou que já contribuiu financeiramente no culto da semana passada, ou que no passado já foi um grande adorador, ou que você já foi uma pessoa de oração. Tudo isso virou cinza. É tempo de renovo. É tempo de viver todas essas coisas outra vez.

Eis que faço novas todas as coisas – Ap 21.5b

O homem avarento costuma justificar o fato de não ofertar porque já "deu muito dinheiro na igreja". Acredito que ele pensa que Deus lhe deve alguma coisa. Mas, enquanto o sovina se vale do que já ofertou para não ofertar, eu reafirmo: oferte novamente. As ofertas do passado viraram cinza.

Juntar as borralhas para lança-las ao altar outra vez é inútil. Fogo não queima cinza. A oferta passada virou cinza. O louvor de ontem virou cinza.

Tudo que é ofertado queima. Tudo o que queima vira cinza – não pode ser queimado novamente!

É hora de apresentar a Deus algo novo.

Não quero, com isso, deixar transparecer a ideia que todo esforço e todo sacrifício que fizemos a Deus no passado foram em vão e não significa nada hoje. Longe disso. Eu não disse isso. Claro que não.

O que eu quero afirmar é que o empenho de ontem supriu a necessidade de ontem. Para hoje precisaremos de coisas novas.

– *E os meus créditos no céu?* – Alguém pode perguntar.

– *Zeraram!* – Eu respondo.

Cola o rosto na parede e ora novamente se quiser vencer mais uma vez (Is 38.1-5).

Dizer coisas assim parece passar a ideia de que não há vantagens nos sacrifícios que fazemos, visto que dura tão pouco (uma noite inteira). Mas, tem o lado bom dessa história.

As cinzas representam a sobra do sacrifício feito em favor do perdão dos meus pecados. Ao vê-las, logo penso, fui perdoado das minhas culpas. Vendo por esse lado e lembrando que a cinza não pode ser queimada, também concluo que pecado perdoado não pode, igualmente, ser lançado no altar.

Existem pessoas que cometeram graves pecados diante de Deus, mas se arrependeram, foram ao altar e os tais pecados foram perdoados. O pecado perdoado não existe mais, porém, muitas destas pessoas ainda não se sentem perdoadas e continuam "voluntariamente presas" nas acusações de satanás.

O diabo, nosso adversário, é especialista em acusações, posso imaginá-lo dizendo ao pecador que foi perdoado:

— *Acho que você precisa ir novamente ao altar para oferecer outro novilho. Sua conta está em aberto.*

Por favor, não continue debaixo de acusação. Grite bem alto para você mesmo: *o meu pecado virou cinza, não dá para queimar de novo, eu já fui perdoado por Deus!*

Certo conto evangélico diz que um homem crente cometeu um pecado contra Deus, numa tarde de segunda-feira. À noite, aos pés da sua cama, ele orou a Deus, arrependido, e disse:

— *Pai, perdoa a minha transgressão. Eu fiz isso, isso, isso e isso...*

O SENHOR se aproximou do seu filho e o perdoou. O homem conseguiu dormir em paz.

No dia seguinte, diante de uma nova tentação, o sujeito comete um novo pecado. Novamente ele se vê culpado. Desesperado, quando já de volta à sua casa, ele dobrou os joelhos, e orou dizendo:

– *Senhor, eu pequei! Necessito que me perdoes por isso que eu fiz hoje, e por aquilo que eu fiz ontem.*

Na mesma hora, Deus lhe respondeu e disse:

– *Meu filho, este que você cometeu hoje eu perdôo, mas o quê que você fez mesmo ontem, que eu não me lembro?*

Sabe por que Deus falou assim nesse conto? Porque pecado perdoado não existe mais. Caiu no mar do esquecimento. Virou cinza. Leia: Jr 31.34, Hb 8.12, 10.17, Is 38.17 e Mq 7.19.

Aquele a quem, pois o Filho libertar, verdadeiramente
será livre – Jo 8.32
Portanto, agora nenhuma condenação há para os que
estão em Cristo Jesus, que não andam segundo a carne,
mas segundo o Espírito – Rm 8.1
Quem intentará acusação contra os escolhidos de Deus?
É Deus quem os justifica – Rm 8.33

Já queimou a oferta? Já recebeu o perdão? Então você está liberto. Você vai morar no céu, para glória de Deus Pai. O mesmo tratamento que o SENHOR deu ao sacerdote Josué – quando este foi acusado por Satanás, por estar com roupas sujas – é dado a você. Assim diz Deus ao seu inimigo: *Para trás de mim Satanás, porque este é um vaso escolhido para mim.*

Alegre seu coração, creia nesta verdade e seja feliz em sua nova vida com Cristo. Independente do que você tenha sido no passado, no dia em que você levantou o braço para aceitar a Jesus, como seu Senhor e Salvador, todo o pecado que estava sobre a sua vida foi queimado no Altar do Holocausto, virou cinza. Isso mesmo! Virou cinza. Não passa de favila. É pura borralha. Você recebeu uma vestimenta nova. Não aceite acusações de Satanás – *Quem está em Cristo nova criatura é, as coisas velhas passaram, e tudo se fez novo – II Co 5.17.*

Aleluia!

Vamos em frente!

Vejamos, a seguir, o que a Bíblia ensina sobre o tratamento que dever ser dado às cinzas da nossa vida.

V

OS AMIGOS DO ALTAR

A PÁ, a ESPÁTULA e o BALDE

Lendo o capítulo seis do livro de Levítico, percebemos que o sacerdote possuía algumas ferramentas para trabalhar com o holocausto e as cinzas. Estas ferramentas eram: uma pá; uma espátula; e um balde. Todos estes instrumentos eram usados para retirar a favila do altar depois que as ofertas eram queimadas.

Dá ordem a Arão e a seus filhos, dizendo: Esta é a lei do holocausto: O holocausto será queimado sobre o altar toda a noite até pela manhã, e o fogo do altar arderá nele. E o sacerdote vestirá a sua veste de linho, e vestirá as calças de linho sobre a sua carne, e levantará a cinza, quando o fogo houver consumido o holocausto sobre o altar, e a porá junto ao altar – Lv 6.9,10

Você notou a preocupação de Deus, nas instruções ao sacerdote? Ele diz – *quando o fogo houver consumido o holocausto sobre o altar* – retire as cinzas. **As favilas não podem ficar no altar**.

No livro A Casa de Ouro, Jan Rouw e Paul F. Kiene explicam que o sacerdote representa o Espírito Santo de Deus e o altar representa o cristão.

A cinza não deve permanecer no altar de um dia para o outro, mas somente o sacerdote deve limpá-lo. O altar não consegue se limpar sozinho.

*Eu sou a videira, vós, as varas; quem está em mim, e eu nele, este dá muito fruto, porque **sem mim nada podereis fazer** – Jo 15.5*

E ninguém mais, além do próprio Deus pode prover a limpeza das nossas almas.

*E em nenhum outro há salvação, porque também debaixo do céu **nenhum** outro **nome há**, dado entre os homens, pelo qual devamos ser salvos – At 4.12*

Quando o crente oferta a Deus a sua vida, o Sacerdote Espírito Santo se aproxima dele e começa a operação de limpeza de pecados. A velha vida, de imediato, vira cinza e, esta deve ser removida.

Esse não é um processo simples. Chamamo-lo de processo de santificação pessoal. É a limpeza fina do altar. Nesse processo, as mazelas e as consequências advindas dos pecados da velha vida são removidas por Deus.

Você estaria disposto a deixar o Espírito de Deus agir e mergulhar no altar do seu coração para fazer algumas limpezas de rotina? E se for uma limpeza mais pesada?

Olhando para dentro do altar o sacerdote visualiza uma quantidade enorme de borralha acumulada num dos cantos. São restos de prostituição, adultérios, mentiras, invejas, roubos e toda sorte de práticas abomináveis que, logo, logo, Ele vai remover.

Ainda de fora do altar, com a pá de bronze em mãos, o sacerdote começa a remover o grosso do que sobrou – os maiores e mais escandalosos pecados que existiam na vida do contrito pecador. Depois desta limpeza inicial o infiel retorna para sua esposa, a prostituta larga à prostituição, o ladrão deixa de roubar, o viciado se afasta das drogas, o bêbado não entra mais no bar para beber. Ou seja, o velho homem torna-se uma nova criatura.

Se até agora, você esteve debaixo de grandes acusações e traumas, creia que a pá de bronze do Espírito de Deus removeu as grandes culpas do seu passado e lhe fez nova criatura em Cristo Jesus.

Os grandes pecados são removidos pela pá. Quem olha para o balde cheio de cinzas, pensa que o altar está limpo, mas não é bem assim.

Experiente em seu ofício, depois de retirar as grandes somas de cinzas, o sacerdote diz: *Mais um pouco e eu termino de limpar esse altar.*

Percebendo que não pode mais usar a pá, o sacerdote pega o segundo instrumento – a espátula, com a qual ele se prepara para concluir a sua tarefa. É agora que o sacerdote diz: *Altar, eu vou precisar entrar em você para terminar sua limpeza. Daqui de fora não dá para fazer.*

A ação do Espírito de Deus em nossas vidas segue a mesma seqüência, ele primeiro se aproxima e nos convence do pecado (ele usa a pá), depois decide entrar no altar de nossa alma. Ele vai mergulhando dentro de nós em busca dos lugares mais profundos do nosso caráter – visando nos aperfeiçoar. Que maravilhosa realidade!

Em nossa vida há momentos onde o Sumo Sacerdote Espírito Santo precisa entrar nos quartos mais secretos do nosso coração.

Você ainda lembra as dimensões do altar?

O altar é grande.

Para limpar as partes mais fundas do altar, só tem um jeito: o sacerdote tem que entrar nele.

Para concluir a sua libertação o Espírito de Deus precisará mergulhar em você. Permita!

Creio que este seja um bom momento para você parar um pouco a leitura deste livro e orar comigo. Diga:

SENHOR, eu aceito que o Espírito Santo entre em minha vida. Eu aceito que Ele mergulhe em minha alma. Ele tem a liberdade de ir ao mais profundo do altar da minha alma para retirar as cinzas que sobraram.

Conheço um hino muito especial que diz:
– *O que vieste fazer aqui?*
– *Eu vim para louvar a Deus!*
– *O que a igreja veio fazer aqui?*
– *Ela veio para louvar a Deus!*
– *Eu vim, eu vim, eu vim para louvar a Deus! (bis)*
São respostas sábias que damos às perguntas de Deus. Mas, se as perguntas fossem nossas e as respostas fossem do Espírito Santo o hino ficaria assim:
– *Espírito Santo, o que viestes fazer aqui?*
– *Eu vim mergulhar no altar!*
– *Espírito Santo, o que viestes fazer aqui?*
– *Eu vim retirar a cinza.*
– *Eu vim, eu vim, eu vim perdoar pecados! (bis)*
Aleluia!

INDO MAIS ALÉM

O sacerdote, depois de retirar os grandes sobejos de cinzas com a pá, empenhava-se em remover, por fim, as pequenas sobras. Aqui as coisas se complicavam um pouco, pois não dava para limpar os cantos e a gordura queimada usando a pá de fora do altar. Era preciso ir mais além. Era preciso entrar no altar; era preciso uma ferramenta mais "cirúrgica" que a pá. Era preciso usar a espátula de bronze.

A simples ação da pá já permitia ao altar ter condições de hospedar um novo sacrifício. No primeiro instante em que o Espírito de Deus tem acesso a nossa vida, Ele já nos faz filhos de Deus (*Jo 1.11*). Mas o processo de santificação, desencadeado pelo SENHOR em nós, exige um nível de limpeza maior; exige o uso da espátula.

Existem certos defeitos na vida moral e espiritual do homem que não são totalmente removidos no momento da salvação. Eles ficaram de lado (nos cantos) porque eram "pequenos" demais para serem notados. Os "pequenos" pecados são aqueles que não ofendem a sociedade; são os "moralmente aceitos"; aqueles que todo mundo faz.

Ninguém tocou nos pequenos erros da sua vida quando lhe convidaram a Cristo; não lhe falaram que naquela área você também precisava mudar – a cinza estava no canto, por baixo da gordura; não atrapalhava tanto. Ninguém quis tocar, mas Jesus vai querer tocar. Ele não permitirá que sejamos servos vacilantes. Ele quer a nossa perfeição.

Sendo, pois, Abrão da idade de noventa e nove anos, apareceu o Senhor a Abrão e disse-lhe: Eu sou o Deus Todo-Poderoso; anda em minha presença e sê perfeito –
Gn 17.1

Cristo vai consumar a limpeza da nossa vida.

Imagine um sujeito viciado em drogas ou traficante que resolveu aceitar Jesus. De imediato, ele larga tudo isso, por quê? Porque com a pá o transformaram em um cristão fiel. Ele agora anda de Bíblia na mão e canta hinos evangélicos. Ele nasceu de novo. Mas, olhe para ele novamente. Dessa vez com um pouco mais de atenção. O seu linguajar ainda é feio e vez por outra ele mente. Isso aí não saiu com a pá. É necessário um trabalho mais refinado. Isso só se arranca com a espátula.

Imagine certa mulher que era prostituta e vivia com vários homens, mas aceitou a Cristo como seu Senhor. Hoje ela está na Igreja; ela canta no coral, mas é contenciosa, cria problema com todo mundo, acha que tem que andar de nariz empinado. Costuma dizer: *sou crente, mas não sou otária*. Este tipo de comportamento sinaliza a existência de um problema grande. Se nada for feito, ela tende a piorar com o tempo. É por causas como essas que, para desencravar as cinzas do nosso altar, o Espírito Santo usará a espátula em nós.

Espero que você venha entendendo o que tenho dito; que você possa identificar a diferença entre o uso da pá e da espátula. O rei Davi entendeu e teve coragem de autorizar ao SENHOR que fizesse um mergulho ao fundo do seu altar.

Sonda-me, ó Deus, e conhece o meu coração; prova-me, e conhece os meus pensamentos. E vê se há em mim algum caminho mau, e guia-me pelo caminho eterno – Sl 139.23,24

Moisés também aceitou a mesma coisa.

Diante de ti puseste as nossas iniqüidades, os nossos pecados ocultos, à luz do teu rosto – Sl 90.8

Quando vejo esses dois homens, percebo a disposição de serem sondados e intimamente transformados por Deus.

Acredito que de tempo em tempo os fiéis devem orar ao Sumo Sacerdote dizendo:

Senhor Jesus, sonda o meu coração e os recônditos da minha alma, passa o 'scanner' da tua onisciência em minha personalidade e em meu caráter para ver se ainda há algo do velho homem em mim. Perscruta o meu altar em busca de restos de cinza, vai aos cantos; lá no fundo; raspa a gordura com a tua espátula; santifica-me; quero refletir a Tua imagem. Amém!

Se você fez comigo a oração acima, eu imagino você, agora, suspirando feliz e dizendo: *Ufa! Que alívio! Amei orar assim! Me fez muito bem.*

Eu tive a mesma sensação, depois que acabei de escrever esta oração.

Glória a Deus!

Num primeiro instante, uma oração como a que acabamos de fazer não parece fraguar ou doer; é fácil querê-la e aceitá-la. Porém acho apropriado analisarmos a situação do altar e da espátula um pouco melhor.

Para começar, penso que o altar não gosta da espátula. Se o altar pudesse se expressar, quando visse o sacerdote lhe apontar a espátula, diria:

– *Por favor, sacerdote não faça mais isso, essa espátula arranca a gordura, mas faz marcas em mim. Machuca. Dói.*

Certos maus costumes que temos nos servem de bibelôs. São tão "legais" que nós não queremos nos livrar deles tão cedo. São os famosos – pecados de estimação.

Nesse grupo de pecados temos exemplos de sobra para apresentar. A moça que namora um rapaz mundano. O moço que às vezes passeia em sites imorais da internet. A esposa que luta para se sentir atraente e nesse esforço se deixa galantear por outros homens. O homem que compartilha com os amigos "bons momentos" de más conversações para manter-se bem quisto e aceito pelo grupo. O cristão que aceita ser *Laranja* de políticos que sonegam impostos. O cristão que compra material pirata, etc.

Estes e outros são pecados que "fazem bem" ao ego e ao bolso; se ninguém reclamar a existência deles, nós os deixamos no altar, por baixo da gordura. Nós aceitamos conviver com pecados ocultos, mas Deus não irá anuí-los. Ele é um sacerdote zeloso. Ele nos quer limpos e brilhando. Ele quer olhar para o bronze do altar da nossa vida e se enxergar nele. Ainda que venha a doer. Ainda que nos sintamos mais feios e menos desejados. Ainda que os nossos amigos nos ab-roguem das suas patotas. Ainda que o nosso nível sócio-financeiro diminua. Mesmo assim, é melhor deixar Deus nos purificar. Deixe doer, mas seja livre dos pecados pequenos também. É melhor doer agora do que mais tarde o fogo não poder mais ser aceso. É melhor doer agora do que acumular sujeira na vida. Um abismo chama outro abismo. Não morra aos poucos impedindo o agir de Deus nas pequenas coisas da sua vida. Prefira viver em santidade. Vai lhe fazer bem. Eu garanto!

Muitos pregadores já não pregam mais porque foram acumulando favila no altar de suas vidas. Muitos evangelistas não evangelizam mais, porque se tornaram amargos de tanta gordura velha na alma. Muitas mulheres de oração não oram mais porque deixaram as mágoas se avolumarem no coração e estão sufocadas, sem forças para orar. Gordura velha é sinal de fogo fraco e de pavio que fumega (*Is 42.3*)

Escrevo essas coisas em profundo estado de oração, clamando para que o Espírito Santo de Deus entremeta-se em nosso altar diariamente e agora mesmo.

Aos já ministros de Deus, que eles não esperam perder suas credencias eclesiásticas para então resolver deixar Deus lhes limpar o interior do altar. Estejamos sujeitos à espátula de Deus, todos os dias.

A raposa precisa ser morta enquanto ainda é filhote (*Ct 2.15*). Não podemos criar jibóias em nossas casas; elas vão crescer e quebrarão os nossos ossos. Conserte a goteira do teto da tua casa, antes que o telhado venha abaixo. Guarda os nossos olhos de contemplarem o mal, antes que nos tornemos cegos espirituais. Rompamos as alianças com o pecado, antes que a que temos com Deus se perca para sempre.

O homem que repreendido muitas vezes endurece a cerviz, de repente será destruído sem que haja remédio – Pv 29.1

O homem mais bem-aventurado da terra não é aquele que descobre fontes petrolíferas ou gigantescas minas de ouro, mas sim aquele que encontra as falhas do seu caráter e as corrige.

O ZÊLO DE DEUS COM AS MINHAS CINZAS

A riqueza tipológica das ações do sacerdote para com o altar é inumerável e maravilhosa. Vamos perscrutar o uso do balde.

Toda a cinza que o sacerdote removia do altar era colocada num outro objeto. Que objeto é esse? O balde. Você tem idéia do por quê? Eu tenho e respondo: porque nenhuma cinza deve ser espalhada. A cinza, a sobra de oferta queimada, deveria ser posta no balde de bronze.

Mais uma vez eu enxergo o zelo de Deus para com a minha vida.

Fiz muitas coisas erradas que me serviam apenas de vergonha diante de Deus e dos homens. Algumas destas coisas eu fiz em público, outras em secreto. Já errei e não foram poucos os meus erros. Talvez minha única virtude seja voltar ao altar para pedir perão, toda vez que erro. Sempre que fiz isso, Deus transformou tudo em cinzas e me perdoou.

Sei que o diabo sempre foi louco por fazer os meus pecados, agora cinzas e borralho, assunto de grandes mexericos. Ele realmente tentou. O sucesso do inimigo só não foi maior porque Deus e os meus verdadeiros amigos puseram tudo num balde limpo.

As cinzas da minha vida são preciosas para Deus. Ele não as espalha ao vento; nem tolera quem as espalha.

Quem intentará acusação contra os escolhidos de Deus? – Rm 8.33a

*É impossível que não venham os escândalos, **mas ai daquele por quem vem o escândalo** – Lc 17.1 -* **grifo nosso.**

Se o inimigo tivesse acesso livre às cinzas do meu altar, com certeza, ele às jogaria aos ventos. É o que em gíria popular brasileira se diz: *jogar tudo no ventilador.*

Em certa ocasião, um líder me procurou, contando o pecado de outra pessoa e disse: *se você souber de alguma igreja que pretende receber esse pecador numa das suas festividades, ligue para ela e diga o que ele fez. Espalhe para o máximo de pessoas que você puder.* Naquela hora eu disse a mim mesmo: *Já tem uma pessoa que faz isso muito bem: Satanás. Deixe-o fazer a sua parte, senão ele perde o emprego.* Deus não me chamou pra espalhar as cinzas de ninguém. Sacerdote que é sacerdote pega a cinza e coloca no balde. O balde é o melhor lugar para as borralhas dos nossos irmãos. Não espalhe as cinzas dos outros. Não saia de sua casa para comentar do pecado de ninguém. Quem resolve mexer e espalhar as cinzas dos outros, acaba se sujando também. Certo adágio popular diz: *Quem joga lama no rosto alheio suja a própria mão.* Não faça o trabalho que é de Satanás; não ocupe o lugar que é dele, para que ele não ocupe o lugar que é seu dentro da sua história. Se você fizer o que o diabo tem que fazer, ele vai acabar fazendo de você o que você não queria ser. Cinza é para colocar no balde.

– *Mas fulano cometeu um tremendo pecado, isso não pode ficar às escuras* – você pode altercar.

Sim. Tudo bem. Eu sei. E não vai ficar as escuras (*Mt 10.26, Mc 4.22, Lc 12.2*). Mas, pelo amor de Deus, que o fofoqueiro espalhador de cinzas não seja você. Se alguém pecar e você souber que pecou, não saia por aí "contando a deus[1] e ao mundo". Se já pecou, já está pecado; agora ore a Deus para que o pecador leve a sua culpa ao altar em arrependimento sincero e tenha seu erro queimado e transformado em cinza. Depois disso, feito o pecado em cinzas, ponha tudo no balde.

O Rev. Rick Joyner, no livro *A Visão Profética para o Séc. XXI*, afirma que existem dois ministérios atuando incessantemente diante do trono de Deus: o da intercessão e o da acusação. O Ministério da Intercessão é chefiado pelo Senhor Jesus Cristo, nosso advogado (*I Jo 2.1*), que vive para interceder por nós (*Rm 8.34*). O Ministério da Acusação é chefiado por Satanás, o acusador dos nossos irmãos, que os acusava de dia e de noite (*Ap 12.10*).

Segundo ainda o Reverendo Joyner, o diabo não pode mais ter acesso pessoal ao trono de Deus, pois foi lançado fora do céu. Isso significa que ele deveria ter uma grande dificuldade em exercer seu ministério. Mas não tem. Não tem, afirma o Rev. Joyner, porque o inimigo usa os lábios dos santos para fazer a obra diabólica por ele.

Na verdade o que o Joyner quer dizer é que Satanás não tem como chegar ao altar e tocar em nossas cinzas. Ele não tem acesso a elas. Por isso ele depende das mãos dos santos para espalhar as cinzas dos outros santos. Que lastimosa constatação.

Lendo o livro do Rev. Joyner, fui tocado pelo próprio Deus que me deu uma revelação surpreendente sobre esses dois ministérios.

O Ministério da Intercessão, como já dito, liderado pelo próprio Cristo, vem passando por sérios problemas há muitos séculos. Pois, mesmo contando com a ajuda prestimosa do Espírito Santo de Deus – também nosso grande intercessor (*Rm 8.26*) – vem sofrendo a falta de ajudadores.

Observe as palavras do próprio Deus, falando com o profeta Ezequiel:

E busquei dentre eles um homem que estivesse tapando o muro e estivesse na brecha perante mim por esta terra, para que eu não a destruísse; mas a ninguém achei – Ez 22.30

A Bíblia de Estudo Glow Pentecostal comenta esse versículo dizendo que o fato de Deus não encontrar uma só pessoa disposta a levar o povo de volta a si é uma tragédia. Quando certas igrejas estão tão dominadas pelo mundanismo e Deus não encontra ninguém na congregação disposto a interceder, isto é, a "tapar o muro" ou "ficar na brecha" da situação, espiritualmente crítica, ninguém para liderar a oração com humilhação, com verdadeiro arrependimento e com sincera busca da face de Deus, visando um avivamento espiritual (*II Cr 7.14*), é comum, certos crentes fiéis manterem silêncio, por receio ou acomodação, quando deviam tornar-se fervorosos intercessores por um avivamento.

Deus clama por intercessores, homens como Moisés que, visando à salvação do povo, arriscou ter o próprio nome riscado do livro da vida (*Ex 32.32*). Onde eles estão?

Lamentavelmente ou que percebemos é que, enquanto faltam homens de Deus envolvidos com a intercessão, sobram santos que espalham as cinzas dos seus irmãos.

Em qual dos ministérios você tem vivido? No da Intercessão ou no da acusação? Você é do tipo que respeita as cinzas alheias ou do tipo que *joga cinzas no ventilador*?

UM LUGAR APROPRIADO PARA AS CINZAS

Depois que o sacerdote colocava a cinza no balde, ela era levada para um lugar limpo (*Lv 6.11*). Isso prova o cuidado que Deus tem com o nosso passado.

A ordem bíblica é:

– *Sacerdote, pegue a favila desse judeu arrependido, e leve-a para um lugar limpo.*

Creio que o Espírito Santo decidiu fazer assim para que ninguém tivesse tristeza com o seu passado. Por favor, fique feliz. Glorifique a Deus. Ele tirou você das trevas e trouxe para o Reino do Filho do seu amor (*Cl 1.13*).

O inimigo costuma tentar nos deter, em nossa marcha de triunfo com Deus, usando os erros do nosso passado contra nós. Não são raras suas as tentativas de nos fazer lembrar que éramos mentirosos, prostitutos, ladrões, injustos, covardes, homicidas, etc. Esta é a principal tática de Satanás. Não tema os métodos dele. Sempre que uma lembrança ruim vier à sua mente acerca dos erros do passado, saiba que se trata de mais uma investida maligna contra a sua felicidade. Repreenda!

O inferno precisa saber que todos os nossos erros foram presos no passado; não existem mais no presente, pois nascemos de novo (*Jo 3.3,7*).

Digamos ao diabo que a cinza da nossa vida foi conduzida por Deus a um lugar limpo. Cristo tirou do nosso meio o escrito que nos condenava em suas ordenanças e o cravou na cruz do calvário (*Cl 2.14*).

Não me sinto devedor a nada deste mundo. Não tenho mais do que me envergonhar. Aquele pecador que eu era morreu queimado no altar. Hoje eu sou uma nova pessoa. Sou remido, lavado, justificado, purificado e completamente regenerado pelo sangue de Jesus.

Atente para isso!

Os atos da adúltera e do vendedor de drogas foram queimados pelas chamas do arrependimento. Hoje estão num lugar limpo. Nós estamos escondidos em Deus, através de Cristo Jesus o nosso Senhor.

Porque já estais mortos, e a vossa vida escondida com Cristo em Deus – Cl 3.3
Aquele que habita no esconderijo do Altíssimo, à sombra do Onipotente descansará – Sl 91.1

VI

AINDA NÃO SE LAVA O ALTAR

LUTANDO CONTRA O VELHO HOMEM

Ele era um grande pregador da Palavra de Deus, um dos mais extraordinários que já conheci, mas eu o flagrei cheirando uma tampinha de cerveja no balcão de uma lanchonete.

Já beirava às três horas da manhã, quando precisei parar o meu carro para lavar o rosto e tomar um café para despertar do sono que já estava por dominar os meus olhos. Nesse dia eu estava dando carona a um dos mais proeminentes pregadores que já conheci, o Pr LUCAS [**nome fictício**]. Eu disse a ele: *Pastor LUCAS, vou precisar parar um pouco para lavar o rosto, o senhor se incomoda?.*

– Claro que não! – ele respondeu – *é melhor parar no posto do que numa árvore, meu amado!* – e sorriu. Então eu parei.

Parei no primeiro posto e fui direto ao banheiro lavar o rosto. Quando voltei ao balcão, encontrei o pastor LUCAS cheirando profundamente uma tampinha de cerveja que estava em cima do balcão da lanchonete. A minha surpresa foi tanta que não pude conter o ar de escandalizado. Nunca pensei que um dia flagraria um pastor, ainda mais um do quilate daquele, cheirando uma tampinha de cerveja. Fiquei tão escandalizado que só consegui falar com os olhos. Os meus olhos pediram-lhe uma explicação e o pastor LUCAS me deu.

Quando ele notou que eu o flagrei, jogou a tampinha fora, apontou para ela e disse-me: *Pastor, isso aí é a minha fraqueza. Fui alcoólatra antes de aceitar a Jesus e não posso nem pensar em chegar perto de bebida.* Eu quis repreendê-lo, mas não consegui. Fiquei atônito com o que vi e mais ainda com o que ouvi. Lembro que no dia eu pensei: *Meu Deus se essa é a fraqueza dele, por que, cargas d'água, o homem me chega perto assim do pecado a ponto de cheirar o perfume do seu algoz?* Pensei mesmo, mas não tive coragem de falar nada.

Confesso que entrei em conflito comigo mesmo diante daquela situação. Por um lado eu estava maravilhado pelo ministério daquele pregador, por outro eu o descredenciava como homem de Deus por causa de sua fraqueza. De repente fui tomado por um grande amor da parte de Deus pelo pastor LUCAS; um amor maior do que a minha admiração pelos talentos que ele possuía; um amor de irmão; um amor que me dizia: *Jean, você não é melhor do que ele, você também tem fraquezas.* Naquele dia cheguei a duas conclusões acerca daquele pregador: a primeira, que ele não era, nem é, um super-homem, ele tem fraquezas, (*como eu tenho as minhas, ele tem as dele*); a segunda, que ainda restam gorduras da velha natureza sem queimar dentro dele. Nem tudo virou cinza!

LUTANDO ATÉ QUE SOBREM APENAS AS CINZAS

Por um bom tempo, eu e minha esposa cuidamos de um rapaz que tinha vindo do mundo do homossexualismo e da bruxaria, a quem chamarei de

Rafael (pseudônimo). Ele era um poço de maus hábitos. Seu currículo espiritual era o pior possível. Seu comportamento psíquico e sociocultural era um somatório de tudo o que a Bíblia condena. A luta para firmá-lo em Cristo foi muito grande. Sofremos muitas retaliações do maligno porque compramos a briga daquele irmão.

No começo eu mesmo duvidava que fosse possível restaurá-lo. Parecia loucura crer no sucesso daquela obra. Confesso que minha maior motivação para acreditar na restauração dele, veio dele mesmo. Ele lutava muito para vencer a si mesmo. Dava dó, mas ao mesmo tempo orgulho, ver o Rafael lutando com todas as forças para dominar a velha natureza e os maus hábitos que gritavam pelo pecado dentro dele. Um dia penso em escrever mais detalhes sobre este assunto. Por hora, quero falar apenas de uma experiência que vivemos, quando cuidávamos dele, e que o liga diretamente a este livro e ao assunto das cinzas.

Antes de ser um servo de Deus, quando ainda era homossexual, o Rafael comprou um objeto que tinha íntima ligação com a sua condição espiritual à época. Ele tinha um forte apego àquele objeto. Já convertido e firme no Senhor, ele entendeu que deveria se livrar daquele objeto porque era uma espécie de símbolo do pecado que ele vivera.

Rafael nos chamou e nos apresentou a questão, buscando saber o que deveria fazer. Nós imediatamente concordamos que ele precisava dar um fim naquele objeto. Inicialmente pensamos em vender, mas depois chegamos a conclusão que se algo não servia para ele, por ser símbolo de uma vida sem Deus, logo, não serviria para mais ninguém; então decidimos destruir aquilo, tocando fogo em tudo até que só restassem cinzas.

Fui com alguns irmãos ao Jardim da Oração (um lugar separado onde oramos a céu aberto) e lá tratei de por fogo naquele objeto.

Preocupado de não deixar nenhuma lembrança, espiritual ou emocional, daquele objeto na vida do Rafael, organizei tudo com cuidado no chão, coloquei álcool, acendi um fósforo (vários para ser mais preciso) e lancei fogo em tudo. À medida que o objeto se desfazia pelas chamas, eu orava para que o Rafael se visse livre das influências do seu passado. Naquele dia aprendi coisas sobre como se processa a morte da velha natureza e dos velhos hábitos em nós.

1. Aprendi que, para vencer a velha natureza, preciso aplicar disciplina à minha nova vida. Eu arrumei tudo para que não sobrassem pedaços sem queimar.

2. Aprendi que, para vencer a velha natureza, preciso me dedicar ao altar monitorando a queima do meu sacrifício. Por várias vezes precisei revirar o fogo para evitar que a chama apagasse sem que tudo fosse destruído. Nessa fase a participação dos líderes na vida dos novos convertidos é de extrema importância; eles precisam "cavoucar" bem para que nada fique sem o devido tratamento. É quando usamos a espátula.

3. Aprendi que, logo depois da primeira fase, o fogo subirá muito e será difícil lidar com ele. Se aproximar do altar nesse momento gera tormentos de várias ordens. Quase me queimei várias vezes naquele dia. Nesse momento somos tentados a deixar que sobrem pedaços da velha natureza sem queimar. É aqui que muitos dizem: "não mexa mais nisso! Você vai se queimar!". Os líderes

não podem se poupar desse sacrifício em prol dos novos convertidos. Vamos sentir o calor desse processo em nossa própria carne, mas precisamos ir até o fim com isso. O fogo arderá continuamente sobre o altar e não se apagará.

4. Aprendi que precisamos dar um tempo para o fogo agir. A impaciência é o maior inimigo que temos nessa hora. Muitos pensam que nunca conseguirão vencer. Mas é importante continuar acreditando. Para me manter atento e envolvido com aquele processo eu me motivava pensando nas partes que já tinham sido consumidas e eu dizia: "Deus vai completar a obra, basta deixar o tempo e o fogo do Senhor agirem".

5. Aprendi que às vezes precisamos de mais lenha para terminar de queimar a velha natureza. Notei que o objeto não seria completamente consumido se eu não acrescentasse mais lenha sobre o fogo. Em nossas vidas é assim também. Por muitas vezes, para ver alguém completamente liberto, vamos precisar orar mais sobre as mesmas coisas, vamos precisar confrontar pessoas, em amor, pela Palavra. É um processo de fazer e refazer muitas vezes.

Tudo isso eu aprendi naquele dia.

APRENDENDO COM O QUE ESTÁ FALTANDO

Em minhas pesquisas sobre as cinzas do altar senti falta de alguns materiais que, em minha opinião, facilitariam a limpeza do altar, como por exemplo, espanadores, vassourinhas, buchas, sabão, escovões, etc. Li e reli a Bíblia várias vezes na expectativa de encontrar alguma coisa nesse sentido, mas não achei. Eu pensei –

uma bela esponja com água e sabão cairia bem para a limpeza do altar.

Por que então Deus não pensou nisso, se por mais que o sacerdote lutasse para limpar o altar sem vassoura, esponja, escova, sabão e água, ele jamais o deixaria 100%?

Será que Deus planejou mal a limpeza do altar das nossas vidas?

Claro que não.

Vejamos porque.

Deus não planejou o uso de água, sabão e escovas para lavar o altar porque queria nos despertar para uma verdade incontestável: por mais limpa que seja a nossa vida diante de Deus e dos homens, nenhum de nós é perfeito ainda. Somos cristãos fiéis, somos tementes a Deus, abominamos e fugimos do pecado, mas mesmo assim, temos que admitir – nós somos seres imperfeitos. Ainda existem em nós alguns aspectos do velho homem e da antiga natureza. Sobrou um pouco de cinza dentro de nós. Um pouco de gordura ainda embaça o brilho do nosso altar. Se olharem bem para nós, verão que o bronze do altar está meio esbranquiçado de cinza com algumas manchas de gordura e uns tantos arranhões provocados pela ação da espátula, as intempéries da vida que provocaram a nossa transformação. Pequenas fulígens ainda restam em nossas vidas porque o sacerdote não quis "dar uma geral" no altar. O próprio Cristo, falando com o Pai, disse: *Não peço que os tire do mundo, mas que os livre do mal – Jo 17.15.* Percebeu? Ele disse: *Melhora a condição deles (livre do mal), mas não dê uma geral (não os tire do mundo – por enquanto).*

A limpeza que Deus fez em nossas vidas foi parcial. Ainda possuímos duas naturezas, a carnal e a espiritual (*Mt 26.41, Mc 14.38*).

Paulo foi uma das figuras mais nobres e santas que já pisou essa terra; o mais poderoso motor evangelístico que a Bíblia apresenta. Com respeito à limpeza do seu altar, podemos dizer que era tão fina que o apóstolo pôde até dizer – *Sede meus imitadores, como eu sou de Cristo – I Co 11.1*. Porém, este gigante apóstolo de Deus, não obstante a verdadeira santidade de sua vida, teve que admitir que não era perfeito, que não recebeu "uma geral" no altar. Pertencem a Paulo as palavras: *Porque bem sabemos que a lei é espiritual;* **mas eu sou carnal,** *vendido sob o pecado. Porque* **o que faço não o aprovo***; pois o que quero isso não faço, mas o que aborreço isso faço. De maneira que agora já não sou eu que faço isto, mas* **o pecado que habita em mim.** *Porque eu sei que em mim, isto é,* **na minha carne, não habita bem algum***; e com efeito o querer está em mim, mas não consigo realizar o bem. Porque não faço o bem que quero, mas* **o mal que não quero esse faço.** *Acho então esta lei em mim, que, quando quero fazer o bem,* **o mal está comigo.** *Porque,* **segundo o homem interior, tenho prazer na lei de Deus;** *Mas vejo nos meus membros outra lei, que batalha contra a lei do meu entendimento,* **e me prende debaixo da lei do pecado que está nos meus membros. Miserável homem que eu sou***! quem me livrará do corpo desta morte? Dou graças a Deus por Jesus Cristo nosso Senhor. Assim que* **eu mesmo com o meu entendimento sirvo à lei de Deus, mas com a carne à lei do pecado** *– Rm 7.14-25 trechos* (grifos nossos).

– Mas que decepção. Nunca pensei que Paulo fosse assim – tão cheio de fraquezas – alguém pode acusar.

Pois é. Imagino o tamanho da sua surpresa. Mas, este era Paulo; um homem comum, como nós somos comuns. Tinha os seus defeitos e os reconheceu publicamente. Isso não é vergonha para ninguém, principalmente para o apóstolo Paulo, porque, é ele mesmo quem traz o desfecho da nossa tese sobre a realidade da imperfeição do homem, mesmo sendo este um cristão fiel. Observe à frente.

Em sua carta aos filipenses, Paulo afirma ainda não ter alcançado a perfeição, mas declara solenemente que esqueceu as coisas que ficaram para trás e prossegue em busca das que estão adiante dele. Ele diz que, apesar de ainda não ser um homem perfeito – um altar impecável – ele apaga da sua mente as borralhas que Deus retirou e persegue firmemente uma vida de maior santidade, apesar de saber que o grau dez só será obtido na eternidade.

*Porque, em parte, conhecemos, e em parte profetizamos; Mas, quando vier o que é perfeito, então o que o é em parte será aniquilado. Quando eu era menino, falava como menino, sentia como menino, discorria como menino, mas, logo que cheguei a ser homem, acabei com as coisas de menino [**esqueci as cinzas**]. Porque agora vemos por espelho em enigma, mas então veremos face a face; agora conheço em parte, mas então conhecerei como também sou conhecido – I Co 3.9-12 –* **o acréscimo entre colchetes é proposital.**

AINDA SEREMOS PERFEITOS

É fato que ainda somos seres imperfeitos, mas quando a igreja for arrebatada, nos encontraremos com Cristo nas nuvens, onde Ele (talvez até aproveitando os cristais de água que lá existem) vai lavar por completo o altar das nossas vidas, nos introduzindo a um estado eterno de perfeição. É assim que eu ilustro a mais perfeita ação de Deus na vida do fiel – a glorificação do nosso corpo, o último ato ou estágio de santificação que viveremos.

Após o arrebatamento, não precisaremos mais nos santificar, pois o nosso corpo mortal será transformado e não teremos mais a capacidade de pecar. Nós seremos como os santos anjos de Deus, que não conhecem a opção da desobediência. Não seremos robôs, ainda teremos o livre arbítrio, mas a opção do pecado não existirá mais em nós. Depois da glorificação do nosso corpo, toda a imperfeição que possuímos desaparecerá. Depois desse grande momento, aqueles que nos avistarem não acharão pecado, feiúra, mentira, imoralidade, covardia, inveja, etc. Resumindo – não excogitarão em nós nenhuma, absolutamente nenhuma, imperfeição. Aleluia!

Entre o céu e a terra, enquanto nas nuvens com Cristo, receberemos "aquela escovada santa" da parte de Deus que vai nos glorificar para sempre, lavando por completo o nosso altar.

*Eis aqui vos digo um mistério: Na verdade, nem todos dormiremos, mas todos seremos transformados; Num momento, num abrir e fechar de olhos, ante à última trombeta; porque a trombeta soará, e os **mortos ressuscitarão incorruptíveis**, e **nós seremos transformados**. Porque convém que isto que é corruptível*

*se revista da **incorruptibilidade**, e que isto que é mortal **se
revista da imortalidade**. E, quando isto que é corruptível
se revestir da incorruptibilidade, e isto que é mortal se
revestir da imortalidade, então cumprir-se-á a palavra que
está escrita: [**Deus lavou o altar**] Tragada foi a morte na
vitória – I Co 15.51-54*

*Na esperança de que também **a mesma criatura será
libertada da servidão da corrupção**, para a liberdade da
glória dos filhos de Deus. Porque sabemos que toda a
criação geme e está juntamente com dores de parto até
agora. **E não só ela, mas nós mesmos**, que temos as
primícias do Espírito, também gememos em nós mesmos,
esperando a adoção [**uma geral**], a saber, **a redenção do
nosso corpo** – Rm 8.21-23*

*A vereda do justo é como a luz da aurora, vai brilhando
mais e mais até ser [**um altar reluzente**] **dia perfeito** – Pv
4.18* – grifos e acréscimos são propositais da nossa parte

Depois que Cristo, o Sumo Sacerdote das nossas
almas, terminar de lavar o altar das nossas vidas nas
nuvens, terminaremos de subir ao céu. Sem doenças. Sem
dores. Sem lembranças de sofrimento. E, o que é melhor:
sem morte; sem a possibilidade da morte. Tudo se fará
novo. A morte, até a morte, vai ficar para trás!

Alegres e de posse dessas poderosas promessas,
vamos prosseguir conhecendo mais alguns dos atos do
sacerdote.

VII

O ALTAR SEM A CINZA

SAI A CINZA. ENTRA MAIS FOGO

Depois que o sacerdote tirava a favila e limpava o altar, a sua próxima tarefa era preparar um novo sacrifício para ser queimado. Era hora de meter mais fogo no altar.

Esse processo apontará para duas verdades: primeira, o fiel vive uma vida de contínua renovação espiritual, pois, ao realizar no altar novos sacrifícios, entendemos que novas fraquezas serão removidas, novos pecados serão anulados e novos talentos serão aperfeiçoados; segunda, entre o altar e o sacerdote, existirá uma "intimidade" cada vez mais forte e o altar ganhará "maturidade" no seu relacionamento com àquele. Claro que esse linguajar que acabei de usar, enxerga o sacerdote como Deus e o altar como sendo cada um de nós. Se o SENHOR retirar as cinzas da tua vida hoje, o próximo passo vai ser meter fogo outra vez. Isto é ser renovado no Espírito de Deus.

O sacerdote... levantará a cinza... levará a cinza fora do arraial para um lugar limpo..., mas o sacerdote acenderá lenha nele cada manhã – Lv 6.10-12 (trechos)

Certo rapaz, não evangélico, assistia a uma cruzada observando atenciosamente cada ato daquele conclave. A cada convite feito ele deu não como resposta, até o momento em que o pregador propôs orar para que o Senhor Jesus batizasse os seus filhos com o Espírito Santo.

Nessa hora, notei o moço descendo as escadarias do ginásio e corri até ele pensando que queria aceitar a Jesus como seu Salvador. Mas logo percebi, por suas próprias palavras, que ele só queria o batismo com o Espírito Santo.

– Mas, você quer ser batizado com o Espírito Santo sem antes aceitar a Cristo? – perguntei para confirmar.

– Sim, por quê?

– Não pode! Não é assim que acontece. Primeiro você se arrepende dos seus pecados aceitando a Cristo em seu coração, depois você ora e Ele te concede o batismo com o seu Espírito – disse eu.

Se naquele tempo, eu tivesse noção do que era o tabernáculo e como a sua rotina funciona, teria dito ao moço que Deus não põe fogo no altar se não estiver limpo. Somente depois que as cinzas saem outra oferta é colocada sobre a grelha e o sacerdote ateia um novo fogo.

Eis a rotina estabelecida para o Altar de Bronze:
Limpar – Deitar o sacrifício – Queimar

É um processo cíclico.

De forma similar, eis a rotina da vida dos homens de Deus:
Confissão – Perdão – Poder

Enquanto Cristo não voltar, é assim que deve acontecer.

VIII

AS CINZAS DA OVELHA VERMELHA

UM TIPO DE CINZA MUITO ESPECIAL

Até este momento, tratamos e estudamos sobre o que acontece com as cinzas da nossa vida. Deste ponto em diante, conheceremos o que Deus prescreveu acerca das cinzas de uma criatura muito especial – a ovelha vermelha (novilha ruiva).

Esse tipo de ovelha não morria no altar, no templo ou no arraial de Israel como as demais morriam; ela não morria no santuário. Nas mãos do sacerdote, ela era conduzida para fora da cidade, para ser sacrificada.

Eu sou uma ovelha comum; morri dentro do santuário; no tabernáculo. Foi no Altar de Deus que o velho Jean Max morreu. Todos os servos do SENHOR passaram pelo mesmo altar que eu, menos o Servo Sofredor *(Is 42.1,19; 53.11)* – Cristo.

Jesus é a ovelha ruiva. Ele morreu fora da cidade – no Gólgota *(Mc 15.22)*.

E por isso também Jesus, para santificar o povo pelo seu próprio sangue, padeceu fora da porta – Hb 13.12

De todos os personagens bíblicos que ofereceram as suas vidas a Deus, o mais especial de todos morreu fora da cidade. De todas as ovelhas que já se ofereceram a Deus somente uma morreu fora do Altar – o Messias.

O Cordeiro de Deus não foi degolado dentro da cidade. Ele não foi sacrificado dentro do arraial. Mas foi levado para um monte chamado Caveira, para ali ser crucificado (*Lc 23.33*).

A cinza da ovelha comum era lançada num lugar limpo. A da minha vida, por exemplo, foi lançada no mar do esquecimento. Mas a cinza da novilha vermelha não era jogada fora. Uma ovelha tão especial assim não poderia ter as cinzas da sua história desconsideradas, pois não era cinza oriunda do pecado. Eram cinzas da mais sublime e magistral história de amor.

*Deus amou o mundo de tal maneira que deu o seu Filho Unigênito [**o mais especial, a ovelha vermelha**] para que todo aquele que nele crê não pereça, mas tenha a vida eterna – Jo 3.16 – o acréscimo entre colchetes é proposital.*

Depois que a ovelha vermelha era morta e queimada, o sacerdote pegava a sua cinza e misturava com água purificadora. Um processo lindo e rico, que aponta para a Trindade trabalhando unida. O Pai faz o papel do sacerdote. O Filho o da ovelha vermelha. E o Espírito Santo, o das águas purificadoras.

O Pai (sacerdote) sacrificou o Filho (novilha ruiva); fez isso fora do arraial, no Calvário. Com os nossos pecados sobre os seus ombros, o Filho recebeu a condenação do Pai e desceu à sepultura (foi queimado pelo juízo divino e se tornou cinza). Morto e sepultado por três dias, o Messias, antes de conhecer a corrupção é erguido da morte na ressurreição. Glória a Deus! As cinzas que sobraram do seu sacrifício não foram jogadas fora. O Pai as aproveitou num outro ritual, onde elas foram misturadas às águas purificadoras (o Espírito Santo). Este novo rito tinha como finalidade promover uma expiação imediata e definitiva na vida de uma pessoa. Esta diferenciação dada às cinzas da ovelha comum para as cinzas da ovelha vermelha existe para destacar a grande importância e a sublimidade do sacrifício realizado por Jesus Cristo na cruz do Calvário; um sacrifício único, completo e definitivo. Cristo é a novilha vermelha. Ele foi sacrificado uma única vez para nos remir para sempre da culpa pelos nossos pecados.

UMA COMBINAÇÃO EXPLOSIVA

Agora que você já entendeu o que representava a cinza da ovelha vermelha, vamos tratar um pouco sobre o outro elemento desse novo ritual – as águas purificadoras (ou águas da separação), que aponta para a ação do Espírito Santo de Deus.

O Espírito de Deus foi enviado pelo próprio Cristo (*Jo 15.23; 16.7*). As águas purificadoras só aparecem na história porque antes existiu uma ovelha vermelha. Primeiro veio Cristo e se ofereceu em sacrifício para o Pai, depois o Espírito Santo veio unir a sua ação à do Messias na obra redentora, libertando de forma plena e definitiva a vida do pecador arrependido. A união das cinzas da ovelha vermelha com as águas purificadoras, o sacrifício vicário do Senhor Jesus aliado ao poder persuasor do Espírito Santo, forma uma mistura verdadeiramente explosiva, capaz de arrancar qualquer pecador das garras do pecado. A presença destas duas pessoas da Trindade (o Filho e o Espírito) no coração de um homem assegura que ele é um verdadeiro filho de Deus (*Rm 8.14-16*). Se você não pode esperar terminar a leitura deste livro para se comprometer com Deus e receber o espírito que clama *Aba* (Pai), ou seja, se você pretende deixar de ser apenas uma a mais das criaturas de Deus, feituras das suas mãos, e quer se tornar um filho de Deus, recebendo este poder (*Jo 1.11*), aceite em seu coração e em seu entendimento que a ovelha vermelha (Jesus) morreu por você; receba o dom do Espírito de Deus (penhor da nossa salvação), deixando a água purificadora da graça de Deus regenerar a sua vida. Você não vai se arrepender da confissão de se arrepender dos seus pecados e se achegar a Deus. Se ainda não fez – faça isso agora. Se um dia você abandonou a fé – faça isso outra vez.

Faça isso – agora! Em nome de Jesus.

TODOS SÃO CULPADOS

O sacerdote... estará contaminado... O homem que queimou a ovelha... estará contaminado... O homem limpo [que levou as cinzas] estará contaminado – Nm 19.7,8 e 10 – trechos – a explicação entre *colchetes* é proposital

Outra questão que envolve o sacrifício da ovelha vermelha e que chama muito a atenção é o fato de que, inicialmente, todos se tornavam culpados e imundos por sua morte e depois acabavam por depender dela e da sua cinza para serem puros outra vez (*Nm 19.9*). Esta é uma alusão tipológica do ensino paulino acerca do pecado de toda a humanidade.

Como está escrito: não há um justo, um sequer... Porque todos pecaram e destituídos estão da glória de Deus – Rm 3.10, 23

*Porque Deus encerrou a todos debaixo da desobediência,
para com todos usar de misericórdia – Rm 11.32*

A morte da novilha vermelha encerrou a todos debaixo da culpa e as suas cinzas são a única esperança de expiação. Com a obediência de Jesus, foi comprovado o dolo do pecado dos demais homens – todos foram feitos culpados. Mas o sacrifício de Cristo trouxe a todos a possibilidade de redenção.

*Porque dEle e por Ele, e para Ele, são todas as coisas;
glória, pois, a Ele eternamente. Amém – Rm 11.36*

IX

DEPENDENTES DA CINZA

PERDÃO PARA OS NOSSOS LÍDERES

Dentro das instruções divinas passadas a Moisés acerca do tratamento dado ao pecado, encontramos Deus prevendo a regeneração dos seus oficiais. Em sua onisciência, conhecendo a natureza humana, o SENHOR já sabia que alguns ministros e pastores espirituais pecariam e se tornariam impuros e desabilitados a prosseguir com as obrigações do templo. Essas orientações de Deus fazem entender que pastores que pecam ainda podem ser restaurados. Várias passagens bíblicas confirmam este argumento, como por exemplo, à do cerimonial das águas purificadoras com as cinzas da ovelha vermelha – base escriturística que utilizaremos para a análise do assunto em questão.

O sacerdote, assim como nós, não deveria pecar, mas se pecasse poderia ser perdoado e também resgatar o direito de exercer seu ministério, bastando para isso atender o que a Lei exigia.

O que diferencia o pecado de um obreiro para o de uma pessoa comum é o fato de que o sacerdote, além de culpado por seu erro – como todos se tornam, ele também se tornava **cerimonialmente impuro**; isto é, inapto a proceder as cerimônias do templo e proibido de exercer as suas funções eclesiásticas. Isso equivale a dizer:

Sacerdote, você foi perdoado e tem comunhão com Deus novamente, mas não pode voltar a trabalhar no templo, enquanto não se purificar.

O pecado gera dois prejuízos na vida do líder: separa ele de Deus (*Is 59.1-2*) e o desabilita de atuar no Santo Ministério. A restauração destas duas coisas, na vida do ministro são coisas diferentes.

Para perdoar o pecado de um sacerdote, Deus exigia o mesmo preço exigido a um judeu comum: sangue inocente.

E quase todas as coisas, segundo a lei, se purificam com sangue; e sem derramamento de sangue não há remissão –
Hb 9.22
Porque isto é o meu sangue, o sangue do novo testamento, que é derramado por muitos, para remissão dos pecados –
Mt 26.28

O sacrifício de uma única vítima devolvia, ao sacerdote, o direito de ter comunhão com Deus. Mas, o mesmo não se pode dizer quanto ao direito de voltar a oficiar no templo. Esse dependia de outro preço a pagar: o banho da purificação.

Ao terceiro dia se purificará com aquela água, e ao sétimo dia será limpo; mas, se ao terceiro dia se não purificar, não será limpo ao sétimo dia – Nm 19.12

Antes de dar espaço ao pecado em sua vida, o obreiro de Deus precisa lembrar que ser perdoado pelo SENHOR é uma coisa, mas ser aceito e reincluído em seus ofícios sacerdotais, como se nada tivesse acontecido, é outra bem diferente. A continuidade do ministério não é igual a continuidade da vida cristã individual. Esta depende unicamente do relacionamento direto do homem com Deus, mas àquela já envolve a comunidade cristã e (até mesmo) a sociedade local – a depender do pecado cometido e da repercussão deste. O ministro que se desligou da boa conduta e se envolveu em pecado está "completamente" nas mãos da igreja. Quando digo "completamente" não falo que a salvação dele depende da igreja. Estou tratando apenas do prosseguimento do seu ministério. O bispo deve ser **irrepreensível**. Se ele se tornar repreensível ele não pode continuar a oficiar na Casa de Deus. Pregar em pecado, por exemplo, é profanar o nome do SENHOR.

ESTA é uma palavra fiel: se alguém deseja o episcopado, excelente obra deseja. Convém, pois, que o bispo seja **irrepreensível,...** *que governe bem a sua própria casa,... para que,...* **não caia na condenação do diabo.** *Convém também que tenha bom testemunho dos que estão de fora –* I Tm 3.1-7 (trechos) – grifos nossos.
E, *a qualquer que muito for dado, muito se lhe pedirá, e ao que muito se lhe confiou, muito mais se lhe pedirá – Lc 12.48b*

Uma vez contaminado, o sacerdote só poderia voltar ao seu ofício depois de purificado com as águas purificadoras (águas da separação + cinzas da ovelha vermelha, por exemplo).

Sem esses dois elementos cerimoniais (água e cinza) não se preparava a água purificadora. Sem a água purificadora não existia o banho da purificação. Sem o banho da purificação, o sacerdote continuava impuro e não poderia voltar aos seus ofícios. E é aqui que mora o problema, pois o sacerdote pensava:

*– Para voltar a ministrar preciso me purificar; para me purificar preciso das águas purificadoras; para preparar as águas purificadoras preciso de água e de cinza. A água eu tenho comigo, mas para ter a cinza, preciso de uma ovelha vermelha; uma ovelha que alguém queira **oferecer** pela minha vida.*

Como você pode perceber, conseguir a água não custava tanto assim; qualquer sacerdote tinha acesso a ela. O maior problema estava na cinza, como veremos mais à frente.

Se considerarmos que a água representa a ação do Espírito Santo na vida do homem, podemos dizer que bastava ao sacerdote buscar a Deus para encontrá-lo (*Is 55.6, Dt 4.29, Jr 29.13*). Não era difícil achar água. Não é difícil convencer o coração de Deus a nos perdoar. Deus é amor.

No caso das cinzas, como disse, a coisa ficava um pouco mais difícil de resolver. Quando um sacerdote precisava das favilas de uma novilha para se purificar ele pedia e aguardava que o povo trouxesse. Agora, imagine comigo. E se o povo se recusasse a trazer? O sacerdote permaneceria impuro e afastado do ministério. Obreiro, cerimonialmente impuro depende de alguém que queira lhe oferecer uma nova chance.

*Dize **ao povo** de Israel **que tragam** uma novilha vermelha, perfeita, sem defeito, que não tenha ainda levado jugo –*
Nm 19.2b – **grifo nosso**.

MESMO TENDO, NÃO POSSO USAR

O sacerdote não podia apresentar uma ovelha que já fosse dele; ele precisava que o *povo trouxesse*. Isso significa **dependência**.

O levita morava entre os seus irmãos, em cidades para isso reservadas (*Dt 18.1-3; Nm 35.2,7*). Eles estavam em todas as tribos e ao mesmo tempo não estavam em nenhuma; tinham tudo, mas na verdade não tinham nada. O povo dependia do sacerdote para lhe representar diante do SENHOR, mas o sacerdote também dependia do povo para trazer as ofertas por si e pelo eclesiástico. Sem o sacerdote o povo não se achegava a Deus. Sem o povo o sacerdote não tinha o que comer, nem razão para viver. O sacerdote sábio sabe honrar o povo para ser honrado por ele. Ele se enxerga como um homem útil para o povo, mas também dependente dele. Obreiros arrogantes e insensatos que maltratam o povo vão passar fome. *Não se cospe em prato que se come.* Pastores que acreditam não depender do povo, logo, logo, se verão em maus lençóis e embaraçados, pois todo sacerdote depende do bom coração do fiel.

Liderança não se impõe. Liderança se conquista ou se recebe. Obreiro com as vestes sacerdotais maculadas e a fama denegrida não deve impor sua liderança a mais ninguém. Devem recuar um pouco. Devem retirar a mão da frente da obra por um tempo. Pregar a Palavra de Deus em pecado, fazer a obra com as vestes espirituais imundas, é agir como um cirurgião que opera com as mãos sujas e contaminadas – mais prejudica que ajuda.

Podemos concluir que o líder que pecou e se tornou mau exemplo em suas atitudes, **não podem exigir** que a igreja o aceite de qualquer maneira, impondo ser respeitados por causa das suas credenciais. Credenciais de nada valem, quando diante de Deus estamos reprovados. O que vale é ter respaldo divino para oficiar. Esse líder agora depende do povo.

Se você é um desses desafortunados que caíram em descrédito por causa do pecado, lute por recuperar a sua dignidade fora do púlpito.

Para Deus, um líder com talentos singelos, mas que tem a vida digna vale mais que um excelente líder que esteja desmoralizado – *convém que o bispo seja irrepreensível – I Tm 3.2a*.

Muitos líderes de hoje, apesar de terem credenciais válidas em suas convenções, apesar de serem talentosos e alguns até serem renomados, eles não lideram mais ninguém; são apenas chefes e administradores de igrejas – não são pastores, aos olhos de Deus. Perderam o cajado para o pecado.

Quando Judá procurou uma prostituta para saciar o seu apetite sexual, deixou com Tamar (sua nora – disfarçada de meretriz) o seu **cajado**, o seu **cordão** e o **selo** dos seus rebanhos. O obreiro sem cajado perde a capacidade de guiar as ovelhas pelo bom caminho. O obreiro sem o cordão que servia para medir a cintura das ovelhas nas horas de negociação perde o senso de justiça e não saberá mais decidir com retidão as causas do povo; perder o cordão é perder a noção do certo e errado. O pastor que perde o selo dos seus rebanhos não serve mais como modelo e referência para os seus liderados. Judá trocou suas credenciais espirituais por uma noite de prazer.

Cuidado com o pecado!

Líder, se você é mais "um Judá" da vida, devo lhe dizer que você não é melhor que o pior dos seus auxiliares se estes ainda preservaram o seus bons nomes diante de Deus e dos homens.

Lembremo-nos de Saul.

Ele era o rei, a pessoa mais importante de sua época, mas Samuel lhe disse que ele seria trocado por outro, melhor do que ele, por Davi, um simples pastor de ovelhas.

Um rei em pecado vale menos para Deus que um simples rapaz, guardador das ovelhas do seu pai, que ainda conserva sua integridade.

*Então, Samuel lhe disse [**a Saul**]: O Senhor tem rasgado de ti hoje o reino de Israel e o tem dado ao teu próximo,* **melhor do que tu** *– I Sm 15.28 –* **os grifos e acréscimos são propositais.**

O pior dessa história é vermos que Saul não deu ouvidos aos alertas de Deus e decidiu não abrir passagem para novos obreiros (na questão – Davi). Sua vida moral estava comprometida com o pecado não confessado. Ele quis pagar para ver. E pagou (*I Sm 31.6*).

Reconheço que depois que nos acostumamos à vida de obreiro e líder em nossas igrejas não sabemos mais viver fora dessa vida. A ansiedade por fazer a "obra de Deus" nos sufoca. Mas, sinceramente preciso dizer com todas as letras: isso deveria ter sido considerado antes do pecado.

Se você pecou de forma a perder o respeito do povo. Se o povo ainda não esqueceu, nem perdoou isso. Se ninguém lhe trouxe uma ovelha vermelha, não volte aos púlpitos. Cuide da sua salvação. Esta só depende de você.

É melhor entrar no céu sem uma credencial, sem os púlpitos do que com tudo isso ficar de fora (*Mt 5.29*)

A ovelha vermelha que se trazia ao sacerdote simboliza uma manifestação de graça, amor e respeito por parte do povo pelos seus líderes. Ela representa o povo dizer que superou a falha que seu líder praticou e que deseja que o mesmo volte aos ofícios do Senhor, exercendo novamente o papel de guia de suas vidas.

O problema é que, em geral, o povo não perdoa como Deus perdoa. Nem Deus perdoa como o povo perdoa.

Imagino inclusive que todos devem estar afirmando que se é assim quem cai em descrédito nunca mais vai liderar ninguém. De fato, é algo muito complicado.

A possibilidade de nunca mais ser aceito é de fato muito grande. Mas acontece. Não é comum, mas acontece. Davi pecou, perdeu a coroa e em seguida foi restituído ao trono, por Deus e pelo povo. Se bem que, em verdade, ele contou com a oposição de alguns pelo resto de sua vida. Ele nunca mais foi o mesmo. Mas... voltou ao trono.

Caro ministro de Deus, mesmo sabendo da chance que deram ao caso de Davi – não arrisque! É melhor lembrar o que diz a Palavra de Deus:

Aquele, pois, que cuida estar em pé, olhe ***NÃO CAIA*** *– I Co 10.12 –* **grifo nosso**;

Eis que venho sem demora; guarda o que tens, para que ninguém tome a tua coroa – Ap 3.11b

Quero descrever dois casos reais que chegaram ao meu conhecimento envolvendo pessoas amigas que retratam bem o perigo que envolve a queda de um líder. Compreenda que preciso tomar todo o cuidado para não deixar transparecer quem são essas pessoas, por isso omitirei detalhes que talvez você julgue importante. Farei assim para preservar a identidade deles.

O primeiro caso é de um líder que voltou, depois de muitos anos, à prática do homossexualismo. Ele era uma referência para muitas pessoas, mas caiu em pecado e perdeu toda a credibilidade e moral para oficiar diante de Deus e de sua obra. O pecado roubou-lhe o ministério. Ele foi disciplinado e passou um bom tempo longe dos olhos de todos.

Passado o tempo da disciplina, amigos mais próximos desse líder insistiram em sua reinclusão ao ministério e assim fizeram, mas não deu muito certo. Hoje, digo isso com lágrimas, o nome desse líder é usado como sinônimo de homossexualismo assim como o nome de Judas é usado como sinônimo de traidor.

Sentindo na pele o peso do que fez e o que o seu nome representa agora para as pessoas, esse líder tentou o suicídio tomando certo tipo de remédios de uso controlado.

Quando isso aconteceu, algumas irmãs que o socorreram entraram em contato comigo para que eu o contatasse para lhe dar alguma palavra da parte de Deus e eu fiz isso imediatamente.

Liguei para ele e fui firme dizendo:

– *Fulano, você é meu amigo e meu irmão em Cristo, não importa o que aconteceu contigo. Não aprovo e nunca vou aprovar o que você fez. Mas sei que a dor de perder um ministério tão bonito como o que você tinha não é pequena. Quanto a isso, só tenho uma coisa a lhe dizer. Você conhece as Escrituras e sabe bem o que se dará na eternidade com um suicida. Não sugiro que você insista em tentar ser um obreiro. Cuide por enquanto em ir para o céu. Seja crente. Tenha temor de Deus. Ele te ama e para te ver no céu até toma o teu ministério se preciso for. Eu insisto: não se preocupe em ser líder ou não. Se ocupe em ir para o céu.*

Ainda oro por ele e torço para que as minhas palavras tenham surtido efeito.

O segundo caso é de um líder que traiu sua esposa com uma jovem de sua igreja. Tudo ia "muito bem" para ele enquanto contava com o sigilo do seu pecado. Mas depois que a moça teve uma crise de consciência e resolveu confessar o seu pecado, ele decidiu tomar a dianteira anunciando o caso ao corpo de obreiros, nos seguintes termos:

– Amados irmãos, eu gostaria de dizer que pequei tendo relações com fulana de tal, mas já me arrependi do que fiz e decidi por um fim ao caso. Por isso estou confessando o meu pecado para pedir o perdão dos irmãos – e prosseguiu.

– Vocês sabem que se não me perdoarem, Deus não perdoará vocês também. Logo, conto com o apoio de todos. Vamos prosseguir na reunião, porque temos coisas "mais importantes" para tratar. Isso é caso encerrado. Está no mar do esquecimento – e acabou. Assim, sem mais nem menos.

Você deve imaginar que isso não deve ter terminado bem. Certo?

Além de todos os prejuízos ministeriais que aquela igreja sofreu também temos testemunhado uma multiplicação absurda de ocorrências de adultério entre os casais daquele ministério. Muitos, diante da tentação de trair o cônjuge, dizem:

Qual é o problema? Se ele que é o líder fez o que fez e ninguém pôde dizer nada, eu muito mais.

Por esse eu não tenho orado. Oro apenas por sua igreja.

Leia e releia essas histórias o quanto achar que precisa e tire as suas próprias conclusões. Enquanto você faz isso eu reafirmo:

*Aquele, pois, que cuida estar em pé, olhe **NÃO CAIA** – I Co 10.12 –* **grifo nosso**;

MELHOR SER AMIGO E ESTENDER A MÃO

Aos crentes que ainda não são obreiros publicamente reconhecidos, duas palavras sobre a ovelha vermelha e a dependência que os líderes possuem da bondade e do perdão dos seus liderados: primeira, prefira perdoar e dar uma nova chance, pois aquilo que semearmos hoje é o que colheremos amanhã (*Gl 6.7*); segunda, prefira perdoar e dar uma nova chance, porque o único que ganha com a inutilidade e inoperância de mais um ministro de Deus é o diabo. Não vamos jogar no time de satanás. Não vamos quebrar a cana trilhada nem apagar o pavio que fumega (*Is 42.3*). Não vamos atar a boca do boi que trilha (*I Co 9.9*). Leve a sua ovelha vermelha para um sacerdote que esteja realmente arrependido e transformado. Demonstre um sincero desejo de o ver recuperado e atuante outra vez.

Seja amigo.
Estenda a mão.
Poderia ser qualquer um de nós.
Que Deus nos livre disso, em nome de Jesus.

X

JAMAIS SEM O ALTAR

VENDO O ALTAR COMO ELE REALMENTE É

Além de tudo que aprendemos até este ponto, as cinzas também desnudam outra grande verdade: sem o Altar de Bronze, ninguém consegue ser feliz.

A idéia de ir ao Altar não parece ser atraente, quando penso que o melhor de mim será entregue a Deus por causa da dor do arrependimento que me arrastou até o santuário.

Sem uma visão macro de tudo que o altar representa, não consigo entender porque Deus criou essa história de Altar de Sacrifício. Na verdade, eu preferia que o Altar sequer existisse.

Se o Altar não existisse, nada meu morreria lá. Eu não veria o meu melhor sendo transformado em cinza por causa do pecado que pratiquei.

A idéia de ter um inocente pagando por mim, me dá arrepios. Mas, no fundo, no fundo, a realidade é que sem o Altar do Holocausto ninguém consegue ser feliz.

Quer entender melhor o que eu quero dizer com tudo isso? Por favor, acompanhe-me nessa última análise que faço sobre o Altar.

Porque eu conheço as minhas transgressões, e o meu pecado está sempre diante de mim... Eis que em iniqüidade fui formado, e em pecado me concebeu minha mãe – Sl 51.3,5

Existindo ou não o Altar, eu estou sujeito ao pecado. Quisesse Deus cobrá-lo ou não, o pecado existiria em minha vida de um jeito ou de outro.

Não é o Altar que me leva ao pecado, muito pelo contrário.

Não é o fato de Deus punir o pecado que este existe ou deixa de existir.

Se Deus não cobrasse santidade e liberasse o pecador para pecar, não iríamos parar de pecar por causa disso. Nos países onde as drogas foram liberadas, hoje é fato comprovado, o seu consumo aumentou ainda mais, trazendo problemas ainda maiores do que os que existiam quando elas eram proibidas. Concluindo: se houver Altar para punir a culpa, ela existe; se não houver altar, a culpa existe do mesmo jeito. O pecado é uma realidade, queiramos ou não; exista altar ou não. E, se o pecado existir, ele vai nos afastar da felicidade.

Como não deu para evitar o pecado (*Rm 3.23*), ore a Deus para ter um encontro com o Altar (*Rm 5.8*).

OBA! ACHEI UM ALTAR

Quem te mostrou que estavas nu?
Comeste tu da árvore que te ordenei que não comesses? –
Gn 3.11a

Deus ainda não tinha imposto castigo a Adão e ele já sofria com o fato de estar nu. Se Deus não punisse um animal inocente, condenando-o à morte, nosso primeiro ancestral jamais teria coberto a sua nudez e talvez estivesse até hoje encurvado por trás de uma moita (*Gn 3.8-11*). Imagine o que seria viver sem a possibilidade de expiação do pecado. Imagine o que seria viver encurvado e escondido por trás de uma macega, fugindo dos olhos de todos, para que ninguém contemplasse a nossa nudez e a nossa vergonha.

– Pastor Jean, agora eu comecei a entender. É verdade! A vida sem um altar de sacrifício, sem uma fonte de perdão, seria terrível – você afirma.

É justamente isso que eu estou tentando mostrar. O altar nos liberta. Ele é uma benção em nossas vidas.

Quando vejo o Altar com outros olhos, percebo que ele representa o próprio Deus em minha vida, pois, sem ele, eu não teria chance de perdão (*Mc 2.7, Lc 5.21*) e ainda estaria encurvado debaixo da vergonha do pecado. Com Ele eu fui remido e purificado de todo pecado (*I Pedro 1.18-19; I João 1.7*).

O apóstolo Paulo comparou o pecado a um corpo de defunto agarrado a ele (*Rm 7.23-24*), fazendo, assim, alusão a uma das punições mais cruéis que o Império Romano já impôs a um povo conquistado.

Segundo consta na história dos romanos, estes eram especialistas em criar, desenvolver e "aperfeiçoar" castigos. Sempre que um povo era conquistado, o Serviço de Inteligência Romana caía em campo para descobrir quais eram os maiores temores daquele povo. E foi justamente isso que os Césares fizeram com os judeus.

O Império Romano descobriu que o judeu temia muito pouco a morte, principalmente se estivesse lutando ou morrendo em nome do seu Deus. Para Israel, o simples fato de morrer não era o fim. Para conquistar (ou impor) a obediência de Jerusalém, Roma precisava de algo mais apavorador.

A crueldade de Roma acabou achando duas coisas pavorosas; pavorosas até mesmo para o mais corajoso judeu. A cruz e o corpo de morte.

Como disse anteriormente, o israelense não temia a morte em si, temia morrer separado de Deus e ser condenado ao inferno.

O próprio Cristo asseverou que não devemos temer quem mata o corpo e não pode matar a alma, mas sim aquele que tem poder para matar o corpo e ainda fazer perecer a alma e o corpo no inferno (*Mt 10.28*).

A cruz e o corpo de morte eram os dois principais instrumentos de persuasão que Roma utilizava contra os rebeldes hebreus. Veja por quê.

Todo judeu tinha, como regra de fé e prática, o entendimento de que o homem condenado ao madeiro era um maldito de Deus (*Gl 3.13*), ou seja, só chegou àquele estágio porque o próprio Deus o rejeitou e o entregou a uma condenação eterna (*Dt 21.23*). Uma analogia parecida se dava com relação ao corpo de morte.

Quando um rebelde era condenado à morte pela justiça romana e esta entendia que morrer era pouco para o condenado, entrava em cena a figura do corpo de morte.

Esse tipo de tortura consistia em acorrentar, costas com costas, um defunto ao réprobo para que os vermes, que devoravam o morto, também devorassem o vivo. Era uma morte lenta e agonizante. O desespero deste tipo de morte se dava na esfera do corpo e também da alma, pois o prisioneiro, além de saber que em pouco tempo estaria tão morto quanto o defunto preso às suas costas, se imaginava condenado eternamente.

Para entender porque o judeu se considerava sentenciado ao inferno quando era acorrentado ao corpo de morte, precisamos lembrar que, segundo a Lei, quem tocasse em um morto ficaria imundo diante de Deus por sete dias (*Nm 19.16*), ao fim dos quais deveria se purificar com água da separação imediatamente. Caso ele não se purificasse seria extirpado de Israel (*Nm 19.19-20*); sentença esta que aponta para uma desconexão completa da promessa de salvação dada aos filhos de Abraão, ou seja, condenação eterna.

Sentenciar um homem ao corpo de morte era matar o seu corpo e negar à sua alma o direito de salvação.

Imagine como ficava a cabeça de um filho de Abraão, quando julgado e condenado a morrer sem salvação; sem chance de purificação. Como dizem os assembleianos do Rio de Janeiro: Só Jesus!

Manter o pecado em nós é o mesmo que estar ligado ao corpo de morte. O pecado nos mata aos poucos; devora-nos paulatinamente. Não nos permite reagir e, ainda por cima, nega-nos o direito de viver no céu depois que tudo terminar aqui.

Aquele que tocar em algum morto, cadáver de algum homem, imundo será sete dias. Ao terceiro dia se purificará com aquela água, e ao sétimo dia será limpo; mas, se ao terceiro dia se não purificar, não será limpo ao sétimo dia. Todo aquele que tocar em algum morto, cadáver de algum homem, e não se purificar, contamina o tabernáculo do SENHOR; e aquela pessoa será extirpada de Israel – Nm 19.11-13a
Miserável homem que eu sou! Quem me livrará do corpo desta morte? – Rm 7.24

–Paulo, miserável? Preso a um corpo de morte? Isso é sério? – questionamos.

Sim. Foi o próprio apóstolo quem admitiu. Está escrito.

Se Paulo terminasse a sua confissão com essas palavras eu morreria preocupado com a sua salvação, mas o verso vinte e cinco do capítulo sete de sua carta aos romanos nos desperta a uma viva esperança.

Graças a Deus por nosso Senhor Jesus Cristo – Rm 7.25a

Perceba a euforia do apóstolo. É a alegria de quem descobriu um grande achado. Um tesouro.

Paulo admitiu ser um homem miserável que não conseguia enxergar salvação, até a hora em que olhou para Cristo. Nesse momento, o tom de lamúria se converte em cântico de vitória.

O pecado só pode ser extirpado das nossas vidas quando encontramos o Altar de Deus, quando nos achegamos a Jesus Cristo, o nosso Salvador Amado e podemos declarar:

– Oba! Achei um altar! Achei a Jesus!

DA MORTE PARA A VIDA

O peso do meu pecado está na grelha do Altar de Bronze. Tudo de ruim em mim e em meu caráter, logo, logo, será transformado em cinza e eu vou poder recomeçar a vida. Dessa vez sem culpa e sem condenação.

TRATADO DE RESTAURAÇÃO ESPIRITUAL

Findo o capítulo sete da carta aos romanos, Paulo dá início ao mais maravilhoso tratado de restauração espiritual, o capítulo oito. Leia um pouco do que o apóstolo assere. Mas leia em voz alta – a plenos pulmões. Logo em seguida encerraremos o livro.

Portanto, agora nenhuma condenação há para os que estão em Cristo Jesus... porque a lei do Espírito de vida, em Cristo Jesus, me livrou da lei do pecado e da morte... Porque não recebestes o espírito de escravidão, para outra vez estardes em temor, mas recebestes o Espírito de adoção de filhos, pelo qual clamamos: Aba, Pai. O mesmo Espírito testifica com o nosso espírito que somos filhos de Deus. E, se nós somos filhos, somos logo herdeiros também, herdeiros de Deus, e co-herdeiros de Cristo: se é certo que com ele padecemos, para que também com ele sejamos glorificados. Porque para mim tenho por certo que as aflições deste tempo presente não são para comparar com a glória que em nós há de ser revelada... Que diremos, pois, a estas coisas? Se Deus é por nós, quem será contra nós? Aquele que nem mesmo a seu próprio Filho poupou, antes o entregou por todos nós, como nos não dará também com ele todas as coisas? Quem intentará acusação contra os escolhidos de Deus? É Deus quem os justifica... Como está escrito: Por amor de ti somos entregues à morte todo o dia; Somos reputados como ovelhas para o matadouro. Mas em todas estas coisas somos mais do que vencedores, por aquele que nos amou – Rm 8.1-37 – trechos

Encontrou o Altar?
Sim?
Amém!

A GLÓRIA DO ALTAR

Agora que já conhecemos a maravilhosa importância de se ter um altar para recorrer. Podemos consolidar o que aprendemos ao longo desse tratado espiritual sobre as cinzas do altar com a seguinte declaração de fé: *O sacrifício de hoje, hoje mesmo vira cinza. Com um pouco de paciência e perseverança e, na dependência completa das ações do sacerdote, o meu altar será limpo para receber uma nova oferta para ser queimada. É um ciclo de renovação que só terminará com o arrebatamento da Igreja, quando esta será glorificada para sempre.*

A glória do Altar é estar sempre pronto para renovar mais uma vida.

Que a carne seja queimada. Que tudo o que não deve permanecer em nossa vida seja transformado em CINZAS. Que um novo braseiro da presença de Deus se ascenda em nosso coração a cada manhã. Que sejamos mais que vencedores em Cristo Jesus, o nosso Senhor. Amém!

E o que estava assentado sobre o trono disse: Eis que faço novas todas as coisas. E disse-me: Escreve; porque estas palavras são verdadeiras e fiéis – Ap 21.5

Oro a Deus por um novo tempo de renovo em sua vida. Que o Senhor o abençoe!

Fim

Glossário

♦ ♦ ♦

Cerviz – do Latim *cérvile*, s. f., o cachaço; a parte superior da cabeça, a nunca.
Borralha – cinza quente.
Favila – lama da cinza grudenta.
Fuligem – cinza negra e espessa que a fumaça libera.

Bibliografia

♦ ♦ ♦

- Bíblia Sagrada (várias traduções)
- Bíblia de Estudo Glow (pentecostal)
- Bíblia de Estudo Anotada
- A Visão Profética para o Século XXI, Rick Joyner
- A Casa de Ouro, Jan Rouw e Paul F. Kiene

Observações

♦ ♦ ♦

[1] – A referência 'deus' em letras minúsculas é proposital, porque entendemos que este 'deus' disposto a saber de fofocas não é o verdadeiro Deus.

Comentários

♦ ♦ ♦

Se este livro abençoou a sua vida produzindo crescimento moral, familiar, ministerial ou espiritual, escreva para nós e conte-nos o seu testemunho para que outros sejam edificados. Também fazemos questão de conhecermos as suas observações, ainda que sejam críticas, sobre o conteúdo teológico ou devocional das nossas palavras. Este é um livro inspirado, mas ainda está em construção. |Nesta edição acrescentamos mais alguns aprendizados visando uma compreensão melhor dos assuntos tratados.
Perfeita só a Bíblia Sagrada.
Toda a glória seja dada a Deus!

O Autor

Envie seus comentários, críticas e sugestões para o e-mail pastorjeanmax@me.com

Outros produtos do autor podem ser adquiridos pelo site www.jeanmax.com.br

Milton Keynes UK
Ingram Content Group UK Ltd.
UKHW022003230823
427374UK00013B/1037